LETTRES ANGLO-AMÉRICAINES
série dirigée par Marie-Catherine Vacher

AMÉRIQUE

NOTRE HISTOIRE

© Russell Banks, 2006
pour le texte original anglais (Etats-Unis)

© ACTES SUD / ARTE ÉDITIONS, 2006
pour la présente édition
ISBN 2-7427-6289-2

Photographie de couverture :
© Rip Hopkins / Agence Vu, 2006

Russell Banks

AMÉRIQUE
NOTRE HISTOIRE

Entretien avec Jean-Michel Meurice

Traduit de l'américain par Pierre Furlan

ACTES SUD /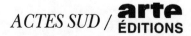

INTRODUCTION

Il y a des signes coïncidents. Saratoga Springs, où vit Russell Banks et où s'est déroulé cet entretien, est une petite ville typiquement américaine, au milieu d'une région sans relief, couverte d'une forêt dense et aussi plate que l'océan, traversée de rivières et de trous d'eau cachés sous les arbres. Une rue principale, bordée d'immeubles de briques de la fin du XIXᵉ siècle. Une seule banque genre néo-palladien surmontée du drapeau et dont le coffre, dans la grande et unique salle, est frappé à la devise, gravée en lettres dorées, "L'argent récompense la frugalité". Saratoga est un nom indien. C'est aussi le lieu de la première victoire remportée par La Fayette contre les troupes anglaises dans la guerre d'Indépendance.

A l'origine de cet entretien il y a la réalisation d'un film, *Amérique / Notre histoire*, diffusé par Arte, pour aider à mieux comprendre le rapport que les Américains entretiennent avec l'Europe. Car il y a aujourd'hui en Europe une question de l'Amérique. La guerre en Irak, la divergence exacerbée des diplomaties, et la vive hostilité exprimée par les opinions européennes aux positions de George W. Bush ont jeté le doute dans des relations qui semblaient apparemment faciles et naturelles alors qu'elles reposent, en fait, sur une profonde indifférence et une grande ignorance mutuelle. La méprise est grande. Nous connaissons très peu les Américains. En fait, nous avons presque toujours un point de vue géocentré. Exemple : la Seconde Guerre mondiale. Quand nous évoquons ce conflit, nous, Européens, pensons aussitôt à ce qui s'est passé sur notre territoire. Penser à la guerre du Pacifique ne nous vient pas naturellement. Il nous faut faire un effort. Des deux côtés de l'Atlantique, les mots de Seconde Guerre mondiale n'ont pas le même sens. Autre exemple : la Révolution. Forts d'être la patrie des droits de l'homme, nous considérons notre Révolution comme un modèle universel. Les Américains, au contraire, la jugent sanguinaire et violente, estimant que leur Déclaration d'indépendance et leur Constitution font de leur démocratie le modèle universel idéal. Nous sommes réciproquement prisonniers de nos géocentrismes respectifs.

La grande mobilisation des opinions européennes lors de la récente campagne présidentielle américaine a témoigné de la fascination que l'Amérique continue d'exercer sur les Européens. En même temps, nos relations reposent sur beaucoup de malentendus. La réélection confortable de George W. Bush a montré combien nous, Européens, ne voyons pas les Américains tels qu'ils sont. Prenant leurs désirs pour la réalité une forte majorité d'Européens interrogés (près de 80 %) rejetaient la candidature de George W. Bush. Une majorité d'Américains a pensé et voté le contraire. Ce qui montre tout simplement que les Américains ne pensent pas comme les Européens. Nos conceptions de la démocratie, de la puissance, de son usage, et de sa moralité sont différentes. A vrai dire nous nous opposons dans presque tous les domaines, économique, diplomatique et culturel. Euro contre dollar, protocole de Kyoto, médicaments génériques, traité d'interdiction des essais nucléaires, création de la Cour pénale internationale, armes biologiques, tarifs douaniers, Airbus contre Boeing, accords du Gatt, exception culturelle... Nous acceptons mal le volontarisme de leur superpuissance militaire et nous redoutons leur expansionnisme commercial.

Nous les comprenons mal parce que nous les connaissons mal. J'ai pensé qu'il fallait changer de point de vue, passer de leur côté pour mieux les comprendre et revisiter le socle des valeurs qui constituent leur histoire. Cette histoire est courte, quatre siècles. Mais nous en savons peu. Le film évoque donc les grandes étapes d'une histoire qui commence en 1620 avec le départ du *Mayflower* pour se terminer au début des années 1970, avec la mondialisation de l'économie et l'omnipotence des médias. Racontant la réussite d'une entreprise coloniale venue d'Europe qui donne naissance à l'Amérique et le passage d'une rive à l'autre de l'Atlantique du moteur de la puissance occidentale qui, en retour, transforme l'Europe, il rappelle que les Américains sont tout simplement des Européens qui ont fui et rejeté l'Europe, la misère, l'intolérance religieuse, les pogroms, les guerres, pour un continent vaste, ouvert à toutes les entreprises et qu'ils ont voulu résolument différent. Ils y ont réussi, inventant un modèle d'institutions politiques qui dure maintenant depuis plus de deux siècles, attirant une forte immigration cultivée et capable de développer une industrie puissante et moderne, et, en moins de deux siècles, ils en ont fait la première puissance mondiale. A deux reprises ils ont secouru, sauvé, soutenu l'Europe, pour assurer ensuite à la moitié du monde la sécurité et la liberté. Et surtout ils sont devenus pour tous l'exemple du monde moderne.

Par une passionnante coïncidence, la véritable naissance de la nation américaine que constitue, à la fin du XIXe siècle, la guerre de Sécession correspond, à quelques années près, à la naissance du cinéma. Les Américains vont abondamment se servir du cinéma pour mieux répandre les valeurs civiques, former, éduquer, intégrer une population essentiellement issue de l'immigration, de langues et de cultures différentes. Hollywood a permis aux principaux événements, aux grands hommes, aux héros, aux mythes de renaître, faisant une nation d'une population disparate. Le cinéma a aussi contribué à l'inconscient et à l'imaginaire collectifs. Conçu comme un moyen d'éducation des masses, le cinéma américain a été un médium fondamental de l'identité nationale. Côté face : une propagande pédagogique de masse diffusant des valeurs et des idéaux politiques. Côté pile : des qualités commerciales, des récits simples et stylisés, capables de transmettre au plus grand nombre les mêmes archétypes, les mêmes valeurs, les mêmes icônes.

Griffith disait qu'il était "l'université du travailleur". Et Ronald Reagan expliquait à la cérémonie des Oscars de 1981 que le cinéma hollywoodien permettait au spectateur de s'identifier aux sentiments reflétés sur l'écran, "une manière de renoncer à la partie mauvaise de son moi".

J'ai donc pris le cinéma américain au mot et choisi de raconter l'histoire non par le truchement d'archives documentaires mais par des scènes extraites de films. J'ai visionné plus de deux cents films, et j'en ai retenu quarante pour en extraire des scènes signifiantes et symboliques. Elles avaient été conçues pour enseigner le public américain. En retour, je leur ai demandé d'exprimer l'imaginaire de l'opinion moyenne. Mais je ne pouvais me contenter de prendre ces scènes telles quelles. En choisissant la fiction pour exprimer la réalité, j'optais en fait pour une histoire de la mentalité américaine. Il fallait situer ces scènes de cinéma, les commenter, suggérer l'envers du décor, et mettre l'Histoire en perspective. Il fallait les encadrer, les sertir.

J'ai pensé à Russell Banks, plutôt qu'à un historien, pour tenir ce rôle. Pourquoi ? Parce qu'il est une forte personnalité, politiquement impliquée, avec un jugement personnel avisé et approfondi sur son histoire, la société dans laquelle il vit, l'évolution du monde. Il est profondément inscrit dans son époque. A le lire, on peut imaginer qu'il a vécu des centaines de vies, tant il exprime de sentiments, d'émotions, de jugements, d'expériences. J'ai pensé que Russell Banks portait en lui la capacité d'une vaste interrogation collective et qu'il pouvait exprimer et rassembler ce que des milliers d'individus auraient répondu si j'avais voulu faire une vaste enquête d'opinion. Je savais aussi qu'il le ferait avec lucidité, concision, et le sens des formules, c'est-à-dire qu'il donnerait à la vision des faits historiques une couleur plus littéraire et plus ouverte, à la fois personnelle et collective. Il est, comme le sont les scènes des films choisis, porteur d'un grand imaginaire collectif.

L'idée l'a séduit. Je lui ai soumis le montage des extraits de films choisis pour qu'il puisse y réfléchir, ainsi que la liste complète des questions. Il y a d'abord celles que l'Histoire américaine suscite pour les Européens. Il y a encore celles que les films suscitent pour le rôle qu'ils ont joué dans la mentalité américaine, et celles qui viennent des échos provoqués aujourd'hui par ces icônes. Il ne s'agit pas ici d'exactitude historique, mais de ce qui reste de l'Histoire dans l'imaginaire américain tel que le cinéma a contribué à le façonner.

Pour ne pas personnaliser ce commentaire à l'excès et ne pas en réduire la portée j'ai demandé à Jim Harrison d'ajouter sa vision "polyphonique" à celle de Russell. Jim et Russell se connaissent et s'estiment de longue date. Le lyrisme vital de l'un fait écho à la forme plus politique de l'autre. J'ai pensé que les visions seraient à la fois coïncidentes et différentes, donc complémentaires. Chacun a eu le temps de préparer longuement son intervention. Restait à filmer les deux entretiens.

La rencontre avec Russell Banks a eu lieu trois mois plus tard, à Saratoga Springs. Nous avons transformé une salle de réunion en studio de tournage. L'entretien s'est déroulé comme prévu, Russell ayant préparé son intervention et reprenant avec la liberté d'une apparente improvisation, grâce à l'aisance que lui donne sa longue pratique de l'enseignement, les notes qu'il avait préparées. L'entretien a duré deux jours, en quatre séances de deux heures.

JEAN-MICHEL MEURICE,
juin 2006.

I
L'AMÉRIQUE
UN RÊVE A TROIS VISAGES
(1620-1770)

Quelles étaient les valeurs observées par les premiers colons ? Ne sont-elles pas à l'origine d'une forme d'individualisme extrêmement traditionaliste et moraliste qui caractérise une part importante de la société américaine ?

Eh bien, avant de pouvoir parler sérieusement des valeurs des premiers colons – c'est-à-dire des premiers Européens à résider en Amérique du Nord –, il faut se rendre compte qu'ils arrivaient de diverses parties d'Europe et que leurs ambitions étaient également diverses. Les colons anglais sont venus en Nouvelle-Angleterre en quête de liberté religieuse, avec un programme religieux et politique bien à eux et une conception protestante et fondamentaliste de leur mission. Les Hollandais se sont installés dans la région où je vis – celle de New York, de Manhattan et de la vallée de l'Hudson – pour des raisons strictement commerciales, pour s'y adonner à la pêche, au commerce du bois et du castor, et non pour des raisons de liberté politique ou religieuse.

Les Espagnols sont allés dans les Caraïbes, en Floride, sur la côte du golfe du Mexique et à l'intérieur du Mexique parce qu'ils cherchaient de l'or, et ils n'étaient pas particulièrement désireux de créer une communauté ou une colonie.

Il y a donc là des motifs différents, et les valeurs associées à ces motifs divergent elles aussi. Dès le tout début de l'Amérique, ces différences ont provoqué un conflit entre, d'un côté, les ambitions éthiques et religieuses – appelons-les des intentions spirituelles – et, de l'autre, une conception du continent nord-américain en tant que lieu à piller, à mettre à sac et à exploiter. Dans un cas, l'Amérique est un refuge, un endroit miraculeux où l'on peut construire la "ville sur les hauteurs*" pour des raisons religieuses ; dans l'autre, c'est un immense entrepôt à exploiter au profit de l'Europe, c'est-à-dire de l'Espagne, du Portugal, de la Hollande, de la France et de l'Angleterre. Par conséquent, lorsqu'on parle des valeurs des premiers colons, tout dépend à quoi l'on se réfère. S'agit-il du Sud des Etats-Unis et des Caraïbes, des régions qui bordent le golfe du Mexique ? Dans ce cas, les valeurs dominantes qui régissent les premières colonies sont froidement matérialistes et visent l'exploitation pure et simple. Si l'on se réfère aux colonies du milieu, comme celles de la Virginie, du Maryland, de New York et de Pennsylvanie, on parle d'intérêts purement commerciaux : échanges, pêche, bois, exploitation des richesses locales. Et si l'on se réfère à la Nouvelle-Angleterre, alors on parle d'un havre religieux et

---

* Voir Matthieu v, 14 : "Vous êtes la lumière du monde. Une ville située sur les hauteurs ne peut être cachée." *(N.d.T.)*

spiritual. Peu à peu, évidemment, ces ambitions vont se fondre les unes dans les autres. Dans le Sud, on voit les visées matérielles justifiées par des raisons religieuses et spirituelles. En Nouvelle-Angleterre, les buts religieux et spirituels s'estompent lorsque les colons saisissent l'occasion qui leur est offerte d'exploiter à leur profit les ressources naturelles de la région. Cette homogénéisation s'est faite naturellement au début du XVIIIe siècle quand les Américains, les colons, ne se sont plus considérés comme des Européens. A ce moment-là, les deux grandes tendances se sont entrelacées pour donner naissance à une culture nationale, un ensemble de valeurs partagées par la nation. Mais, au fond, il s'agit de valeurs contradictoires. Et je crois qu'au fur et à mesure de notre discussion nous ne cesserons de voir apparaître et réapparaître la contradiction inhérente à ces deux ordres de valeurs.

Les pionniers avaient-ils le sentiment d'être toujours des Européens ? Gardaient-ils des liens avec leurs cultures d'origine ?

Je viens d'effleurer votre deuxième question, à savoir à quel moment les pionniers ont cessé de se considérer comme européens. Je ne suis pas sûr qu'ils se soient jamais considérés comme européens en tant que tels. Quand ils ont débarqué sur nos côtes, le particularisme de leur identité nationale était plus important qu'un quelconque sentiment d'identité européenne. Au XVIe et au XVIIe siècle, les colons espagnols se sentaient plus espagnols qu'européens. Les Français se sentaient plus français qu'européens, et les Anglais se sentaient anglais, absolument pas européens. Il faut établir cette distinction d'emblée. La question serait plutôt de savoir *à quel moment* les colons anglais ont cessé de se sentir anglais. A quel moment les colons espagnols ont cessé de se sentir espagnols et les Français, français. Il me semble que ces moments ont été différents.

Les Anglais ont perdu le sentiment d'être anglais bien avant que les Français et les Espagnols cessent de se considérer comme français et espagnols. Il se peut que ce phénomène soit en rapport avec le genre de gouvernement dont ces divers colons ont fait l'expérience. Les Anglais ont réussi à établir des structures administratives qui s'accommodaient d'une forte autonomie locale, particulièrement en Nouvelle-Angleterre. En Virginie et dans toutes les colonies anglaises, on a mis en place des assemblées législatives, des gouverneurs et des fonctionnaires qui agissaient avec un degré réel d'indépendance par rapport à la mère patrie ; en revanche, l'autorité, chez les colons espagnols et français, s'exerçait bien plus fortement à partir de la métropole. Au Québec et dans les colonies françaises, ou au Maryland qui a brièvement été une colonie française, ou encore en Louisiane quand elle était sous autorité française, le pouvoir s'exerçait depuis la France comme si ces colonies n'étaient que les succursales d'une maison mère. En revanche, les Anglais ont bien davantage décentralisé leur autorité, comme s'ils traitaient avec des franchisés.

C'est pourquoi il me semble que, dès la seconde moitié du XVIIe siècle, dans les années 1680 et 1690, les habitants de Nouvelle-Angleterre se pensaient plus américains qu'anglais. Ce n'était pas le cas dans les colonies françaises. Même aujourd'hui, au

Québec par exemple, à certains égards les gens se sentent plus français que canadiens. Il y a toujours cette attraction exercée par la mère patrie, et je pense qu'il en est allé de même pour les Espagnols, les Portugais et les Hollandais. C'est une question intéressante, mais, une fois de plus, elle montre qu'on ne peut pas parler des premiers colons et des premiers Américains sans prendre en compte la multiplicité des sources et des origines. Nous n'avons pas une origine unique. Nous avons un grand nombre d'origines, et toutes jouent leur rôle.

Prenez ainsi l'influence de la culture africaine. Je sais que ce n'est pas notre thème pour le moment – nous sommes censés ne parler que des origines occidentales –, mais les origines africaines sont également très importantes pour cette période. Un grand nombre d'Africains ont été là dès le tout début, surtout dans le Sud, mais aussi dans les autres colonies. Après tout, jusqu'en 1830, il y avait des esclaves en Nouvelle-Angleterre, à New York et dans le New Jersey. Ce n'était pas seulement dans le Sud que les Américains étaient propriétaires d'esclaves. Il nous faut donc prendre en compte l'influence de la culture africaine et de ses valeurs. Elle a beau être plus souterraine, elle est tout à fait réelle. L'élément africain a eu un très grand impact sur la culture dominante blanche, une influence extrêmement forte, surtout dans le Sud, et nous devons le reconnaître.

Et maintenant, abordons la question du rêve américain. Existe-t-il une forme première de ce rêve ? Encore une fois, je ne peux affirmer qu'il y ait jamais eu un seul et unique rêve américain. D'emblée, plusieurs rêves se sont manifestés. Il y a eu l'Eldorado, la Cité d'or que cherchaient Cortés et Pizarro. Et puis la fontaine de Jouvence qui permettait de recommencer sa vie et dont rêvait Ponce de León. Il y a eu le rêve des puritains de Nouvelle-Angleterre qui voulaient fonder une Nouvelle Jérusalem, la ville utopique du Dieu protestant, "située sur les hauteurs". Il y eut donc au moins trois rêves dès le départ. Le rêve religieux de la ville sur les hauteurs où l'on pourrait mener une existence pure à l'écart du "cosmopolitisme" européen relevait presque d'une utopie pastorale dans laquelle le simple mortel pouvait envisager de connaître une vie sainte sous le regard de Dieu. Et c'était le seul endroit où il serait possible de le faire. Dans la Nouvelle Jérusalem. Impossible dans la vieille Europe corrompue. Ce n'était envisageable que dans le Nouveau Monde. Il y avait aussi le rêve de la Cité d'or, de l'inépuisable richesse. Un or qu'on fondrait et qui, transformé en lingots, serait expédié pour enrichir les têtes couronnées d'Europe. C'était un rêve matériel très puissant. Enfin, celui de la fontaine de Jouvence. D'une certaine façon, c'est le plus important parce qu'au fond c'est le souhait de pouvoir recommencer, de connaître une Vie Nouvelle. Dans son essence, c'est le rêve de redevenir enfant, et il perdure plus que les deux autres dans la mesure où les deux précédents, grâce à la géographie – c'est-à-dire l'attrait de l'Ouest –, n'ont fait que le renforcer jusqu'à notre époque. On peut se les représenter comme trois fils entrelacés ou peut-être comme trois rêves s'étayant mutuellement. Le premier veut un lieu où le pécheur, libéré de la décadence et du cosmopolitisme de la vieille Europe, pourra devenir vertueux ; le deuxième est celui d'un lieu où le pauvre pourra s'enrichir ; le troisième, celui d'un lieu où il pourra renaître.

Ensemble, les trois sont beaucoup plus puissants qu'aucun des trois pris isolément. Il me semble qu'ils existent tous les trois dès le début, d'abord en parallèle, chacun dans une des trois régions, et qu'ils fusionnent peu à peu. A la fin du XVIIᵉ siècle et au début du XVIIIᵉ, ils s'amalgament à mesure que les colonies s'agrègent. Au moment où les colonies du Nord – la Nouvelle-Angleterre – se rattachent à celles du milieu – New York, Pennsylvanie, Virginie –, au moment où celles du Sud – Caroline-du-Sud, Caroline-du-Nord, Géorgie – tendent à s'unir et que les Anglais, réussissant plus ou moins à établir leur domination militaire et économique, imposent une sorte d'hégémonie culturelle tout le long de la côte est, on voit les trois rêves fusionner.

D'où vient ce fondamentalisme religieux qui reste aujourd'hui si fort et si présent ? D'où vient ce sentiment populaire si répandu que "Dieu est américain" ?

Il m'est difficile de répondre à cette question ; je dirai seulement que le fondamentalisme religieux et l'idée que Dieu est américain sont au cœur de notre organisation politique et sociale. Cet état de fait remonte aux sectes protestantes établies en Nouvelle-Angleterre au XVIIᵉ siècle : elles ont placé Dieu au centre de leur structure politique. C'est le seul endroit où l'on ait accordé à Dieu une telle position centrale : les Français ne l'ont fait ni au Québec ni au nord de la Nouvelle-Angleterre, non plus que les Espagnols en Floride ou dans les

Caraïbes. Des prêtres catholiques ont bien accompagné les colons français et espagnols, mais sans investir le centre de la vie politique comme l'ont fait les pasteurs protestants en Nouvelle-Angleterre. C'est donc là, me semble-t-il, qu'elle prend sa source, cette idée que Dieu est américain, qu'il se situe au cœur de l'organisation politique et sociale américaine et la fonde. Tout cela commence en Nouvelle-Angleterre. Dans la mesure même où le village de Nouvelle-Angleterre tel qu'il s'est constitué aux XVIIe et XVIIIe siècles a fourni la source première et le modèle de l'organisation sociale américaine, dans la mesure où il a servi à établir les conceptions américaines de démocratie et de gouvernement représentatif, dans la mesure enfin où cette forme de démocratie s'est propagée pour s'exercer dans l'ensemble des treize colonies, Dieu a pris cette place centrale. C'est un indice majeur de l'ascendant exercé ailleurs par la forme d'organisation politique en vigueur en Nouvelle-Angleterre.

Ce que la Nouvelle-Angleterre a apporté à la notion de démocratie n'était pas aussi rigoureusement laïque que ce qui est apparu, disons, en Louisiane et, plus tard, dans le Sud-Ouest des États-Unis. Dans ces régions-là, on ne rencontre pas la même ferveur religieuse ni l'idée fondamentaliste qui place Dieu nécessairement au centre de la communauté. C'est une conception qui s'est affaiblie, qui a perdu de l'importance dans d'autres parties du pays. Mais quand les habitants de Nouvelle-Angleterre ont émigré vers l'ouest, dans l'Ohio, dans le Wisconsin et les territoires lointains du Nord-Ouest, ils ont transporté leur forme de gouvernement représentatif. Et, avec lui, cette conception de Dieu comme pièce centrale de l'identité de la communauté. Le premier édifice qu'ils construisaient dans tout nouveau village était une église blanche avec son clocher. Le deuxième bâtiment était l'hôtel de ville où tout le monde votait, et le troisième était l'école. Le quatrième était sans doute la banque. Et, bien sûr, le restaurant ou le saloon ne venaient que longtemps après.

II

LES "DOCUMENTS SACRÉS"

LA DÉCLARATION D'INDÉPENDANCE
ET LA CONSTITUTION
LA RACE COMME RÉCIT ORIGINAIRE

(1780-1880)

Comment une simple question de taxes a-t-elle pu déclencher une réaction aussi forte et conduire à la guerre d'Indépendance ?

Ceci nous amène aux questions que vous avez soulevées concernant l'indépendance, en particulier celle de l'impôt. Comment cette affaire de "taxation sans représentation", pour reprendre l'expression utilisée en 1776, a-t-elle pu susciter une réaction aussi forte, aussi violente ? Je ne crois pas qu'il se soit agi d'une simple affaire d'impôt, mais bien d'un problème de taxation sans représentation. C'était la formule employée. Les gens ne se révoltaient pas simplement contre l'impôt : ils se rebellaient contre ce qui leur était imposé de l'étranger par le Parlement anglais et par la Couronne. Dans la seconde moitié du XVIIIe siècle – les années 1750, 1760, 1770 –, les habitants de la Nouvelle-Angleterre s'étaient habitués à être représentés par des gens issus de chez eux, aussi bien dans leurs villes que dans leurs comtés et colonies. Ils élisaient leurs propres autorités ; ils légiféraient et levaient leurs propres impôts. En Nouvelle-Angleterre en particulier, le cordon ombilical entre la mère patrie et l'enfant colonial avait été coupé, et cela d'une manière bien plus radicale que dans les autres colonies.

N'oubliez pas qu'en termes politiques la révolution américaine trouve ses racines idéologiques et intellectuelles d'abord en Nouvelle-Angleterre. Mais en termes économiques son énergie et ses racines lui viennent du Sud, de la Virginie, du Maryland et des Caroline. Là, l'aristocratie terrienne et les propriétaires d'esclaves estimaient, étant donné la taille et la richesse du système de plantations dans le Sud, qu'il était économiquement raisonnable de former une nation indépendante séparée du pays d'origine. Inévitablement, comme toujours, quand les richesses produites par une colonie semblent quitter la colonie pour revenir au pays d'origine, les colons se sentent floués. Et ils avaient grandement raison de se sentir dupés.

Une fois de plus, nous nous trouvons face à un ensemble hétéroclite de motivations : peut-être plus idéalistes, idéologiques et politiques dans le Nord, plus commerciales et économiques dans le Sud. Mais chaque côté répondait aux besoins de l'autre. Le Nord fournissait au Sud les raisons idéologiques, intellectuelles et politiques de son indépendance. Le Sud donnait au Nord les moyens et la justification économiques en même temps qu'il lui permettait de croire que, si les colonies s'unifiaient, elles pourraient survivre dans l'indépendance du pays d'origine. C'est pour cela qu'ils se sont rejoints. Le Sud ne pouvait pas survivre sans le Nord, pas davantage que le Nord sans le Sud. Ces treize colonies, pourtant séparées et disparates, ont ainsi réussi à s'unir à la fois pour des raisons idéologiques et pour des raisons pratiques. Dès lors, elles ont pu mener une guerre d'indépendance tout à fait extra-ordinaire et parvenir à se séparer d'une nation qui, à l'époque, était la plus puissante du monde.

S'agissait-il au départ d'une révolte ou d'une révo-lution ? Y a-t-il eu des relations et des influences mutuelles entre les mouvements révolutionnaires en France et en Amérique ?

Vous demandez s'il s'agissait d'une révolte ou d'une révolution. C'était une révolution, je pense, parce qu'elle exprimait clairement, pour la première fois et à l'usage de tous, le concept de démocratie le plus radical qui fût alors sur la planète : celui du gouvernement par représentation, d'une autorité s'exerçant hors monarchie, hors aristocratie, hors rang social. Le gouvernement par les gouvernés. En une décennie, les Français parvinrent à appli-quer ce concept radical à leur propre situation, mais il faut noter que le vocabulaire et les idéaux de la révolution américaine sont directement issus des Lumières européennes. Ceux qu'on appelle les pères fondateurs – Thomas Paine, Jefferson, Franklin, Madison et les autres – ont emprunté leur vocabu-laire à la philosophie européenne des Lumières. Ils l'ont mis en pratique sur le terrain et l'ont institu-tionnalisé à Philadelphie en 1776, puis de nouveau en 1787, dans ces écrits fondateurs qui nous servent de guides : la Déclaration d'indépendance et la Constitution. A cette époque, il s'agissait d'un concept révolutionnaire qui opérait une rupture radicale avec la conception européenne d'autorité et d'harmonie politique. Certes, à l'aune d'aujourd'hui, tout ce mouvement paraît assez élitiste. Mais la plupart des mouvements politiques qui réussissent le sont. Les idées et leur expression se diffusaient du sommet vers la base. De plus, on avait décrété dès le début que seuls les Blancs avaient compétence pour voter, ce qui rend d'emblée la chose élitiste. Plusieurs millions d'esclaves étaient ainsi exclus. Les femmes aussi. Et pour ce qui était de la représentation au Congrès, chaque esclave serait compté comme trois cinquièmes d'une personne, ce qui fournissait au Sud un tampon quantitatif contre le Nord plus peuplé. De telles mesures étaient par définition élitistes. Mais en même temps on instaurait la règle selon laquelle il n'y aurait ni noblesse, ni monarchie, ce qui est une mesure essentiellement anti-élitiste. Si nous revenons sur cette période – celle de 1787, quand la Constitution a été ratifiée –, nous voyons que ces premiers Américains ont produit des documents d'une grande radicalité. Il faudra attendre une décennie pour voir apparaître en France quelque chose d'aussi radical.

Je crois qu'il est intéressant d'observer que les Français ont donné le vocabulaire aux Américains, que ceux-ci ont créé les institutions pour exprimer ce vocabulaire, et puis que les Français ont repris ces institutions dix ans après. Il y a donc eu une fertilisation croisée.

Les Américains ont pris la théorie, l'ont rendue pragmatique, l'ont assemblée et l'ont appliquée. Puis les Français ont rapatrié les applications et, de manière plus radicale, les ont mises en œuvre chez eux : c'est un cycle typique de ces deux cultures. Nous l'avons constaté à maintes reprises dans bien des domaines d'activité, n'est-ce pas ?

La question, c'est de savoir quelles ont été la difficulté et la durée de la guerre contre l'armée britannique. C'est une affaire que les Américains, me semble-t-il, ont sans doute mal comprise et sous-estimée à cause de la guerre de Sécession qui, elle, se dresse comme un écran ou un grand rideau déformant. La guerre de Sécession est le pivot majeur de l'histoire des Etats-Unis. J'ai fait pas mal de recherches et j'ai lu beaucoup de documents et de lettres écrits par des Américains avant la guerre de Sécession, des écrits où ils réexaminaient la révolution qui avait eu lieu un demi-siècle auparavant. Jusqu'à la guerre de Sécession, les Américains portaient un regard plus clair sur la guerre d'Indépendance ; ils en comprenaient, mieux qu'ils ne l'ont fait après, le coût et les sacrifices, la durée et la difficulté. La guerre de Sécession jette une ombre si forte sur le pays et sur l'imagination des Américains, qu'après elle on a du mal à voir la période qui l'a précédée et à imaginer ce qu'il avait fallu pour mener cette révolution, cette guerre de sept ans. Les combattants étaient des soldats sans formation, des novices, des paysans et des artisans conduits par des hommes d'une vingtaine ou d'une trentaine d'années, disposant de très peu de munitions et d'armes, et ils étaient aux prises avec l'armée la plus nombreuse, la mieux entraînée et la plus professionnelle du monde.

Et c'est grâce au génie tactique de Washington et de plusieurs autres – ainsi qu'au soutien des Français, notamment de La Fayette, mais aussi d'autres Européens venus du continent – qu'ils ont pu gagner.

C'est extraordinaire. Ce n'était pas du tout acquis d'avance, pas même probable. Ce n'était pas un résultat qu'on aurait pu prédire sur le moment. Jusqu'à la toute fin de cette guerre, rien ne laissait penser que les Américains l'emporteraient.

J'aimerais dire un mot de La Fayette, si vous voulez bien. Il me semble qu'il est important de souligner son rôle. Je crois que c'est juste avant sa mort (et comme il a vécu très longtemps, ce devait être dans les années 1830) qu'il est revenu aux Etats-Unis pour la première fois depuis la révolution américaine. Après son arrivée à New York, il a effectué un grand voyage dans le Sud, dans les Etats du milieu de la côte atlantique, dans tous les endroits qu'il avait connus au cours de la guerre. Il est allé au nord, à Boston, et il a remonté l'Hudson jusqu'à Saratoga où nous nous trouvons aujourd'hui. Il a revisité tous les endroits où il était allé pendant la révolution, et on l'a accueilli en héros victorieux. Aucun étranger à cette époque, et peut-être aucun étranger depuis lors, n'avait jamais été reçu aux Etats-Unis avec autant de jubilation et autant d'enthousiasme par des foules aussi vastes que La Fayette à son retour. Ce que cela nous indique, c'est que même une génération après on le considérait encore comme un héros extraordinaire, un héros de première grandeur. Aucun autre étranger, sans doute, n'aurait pu venir aux Etats-Unis et y être traité de la sorte. C'est dire quelle puissance exerçaient encore sur l'imaginaire américain le souvenir de la guerre et l'idée du rôle de La Fayette. Mais si La Fayette débarquait aujourd'hui à New York, ou s'il avait vécu assez longtemps pour venir n'importe quand après la guerre de Sécession, il n'aurait pas attiré grand monde. A peine quelques passionnés d'histoire et des badauds. Le rôle de La Fayette et, à bien des égards, le souvenir et la signification de la guerre révolutionnaire ont depuis longtemps faibli et sont en grande partie effacés.

Quelles sont les valeurs développées dans la Déclaration d'indépendance pour fonder la nation américaine ? Est-ce différent du nationalisme répandu alors dans toute l'Europe par la Révolution française ? Y a-t-il eu des influences mutuelles entre les deux révolutions, l'américaine et la française ?

Ralph Ellison, le grand romancier américain, appelle la Déclaration d'indépendance et la Constitution "nos documents sacrés", comme s'il s'agissait d'Evangiles et qu'ils étaient prescrits par Dieu. Il me semble en effet que les Américains en général considèrent la Constitution et la Déclaration d'indépendance comme des textes sacrés, d'ordre divin. Il se peut que ce soit en raison de la langue poétique, presque biblique, de la Déclaration et en raison des institutions auxquelles la Constitution donne corps. Ces deux documents, plus que n'importe quel autre texte, parviennent à lier des éléments qui se font la guerre dans l'imaginaire et la culture du pays, voire au sein du public américain. Ces éléments conflictuels sont de type racial, culturel, économique, régional et historique. J'ai déjà évoqué quelques-uns de ces conflits. C'est seulement par la Déclaration d'indépendance – avec son extraordinaire intelligence, sa précision autant que ses détours imprévisibles – et par le superbe et très délicat numéro d'équilibre que la Constitution effectue entre les trois pouvoirs de l'Etat – l'exécutif, le législatif et le judiciaire – qu'il est possible d'unifier ces éléments. Je crois que c'est parce que intuitivement il savait que les Américains tenaient ces textes pour sacrés que Ralph Ellison, un romancier noir du milieu du XXe siècle, a pu les appeler nos "documents sacrés". Car ils incarnent les principes qui le guident tout autant que ceux qui me guident moi aussi.

Ils nous fournissent en effet bien plus qu'un arsenal légal. A cet égard, il est fascinant de comparer la Constitution des Etats-Unis avec celles de nos cinquante Etats. Chaque Etat possède la sienne qui, en général, décline une litanie de lois, comme la plupart des constitutions nationales rédigées aujourd'hui – par exemple la Constitution de l'Irak établie l'an dernier —, ou même celle de la France. Mais la Déclaration d'indépendance américaine possède une élévation poétique qui universalise ses ambitions ; quant à la Constitution américaine, elle équilibre les institutions avec une telle élégance qu'elle réussit à universaliser la structure politique. Ces textes sont réellement extraordinaires, des créations de génie.

Comment expliquer la persistance d'un nationalisme encore aujourd'hui si fort chez les Américains ? Que penser, aujourd'hui, du film de David W. Griffith, Naissance d'une nation *?*

Vous savez, il n'en a pas toujours été ainsi. Les Etats-Unis n'ont pas toujours fait preuve du nationalisme pur et dur qui est devenu le leur à la fin du XXe et au début du XXIe siècle. Les Américains ont souvent eu la tentation, surtout avant la guerre de Sécession, de rompre avec une identité nationale unitaire. Très tôt, les sudistes ont voulu se séparer des autres et poursuivre leur propre chemin en espérant faire entrer Cuba et les Caraïbes dans leur zone d'influence. A plusieurs reprises, le Nord de la Nouvelle-Angleterre a voulu rejoindre le Canada. Le Texas s'est déclaré nation autonome dans les années 1840, et la Californie a très momentanément constitué un pays distinct. C'est seulement après la guerre de Sécession que les Etats-Unis sont devenus l'Amérique, cet Etat-nation. On observe là un glissement de terminologie : on passe des Etats-Unis d'Amérique à l'Amérique tout court. On va d'une organisation assez lâche d'entités séparées (qui s'éloignent par moments les unes des autres et se rapprochent à d'autres moments) à quelque chose qui se réduit à un seul mot : Amérique. Et cette créature n'est pas tout à fait la même que les Etats-Unis. Elle a un côté un peu plus mythique qui remet l'accent sur la découverte européenne du continent. C'est la guerre de Sécession qui va enflammer l'identité nationale et la sacraliser – une tendance qui s'est renforcée au cours du XXe siècle lorsque l'Amérique est devenue un acteur de la scène mondiale. Cette phase va de la guerre hispano-américaine, comme nous l'appelons ici, guerre qui a consisté à envahir Cuba et les Philippines ainsi qu'à expulser l'Espagne de sa sphère d'influence dans les Caraïbes, et elle se poursuit jusqu'à la Première Guerre mondiale. Au XXe siècle, comme l'Amérique joue un rôle central sur la scène mondiale, notre identité nationale reçoit une deuxième impulsion qui dure jusqu'à la guerre froide. Evidemment, les

Etats-Unis ont émergé de la guerre froide comme l'unique grande puissance de l'Occident, même si cette position risque de ne pas durer très longtemps. Mais désormais la pulsion nationaliste tourne à plein régime. Il ne faut cependant pas oublier les divers élans qui animent cette pulsion et garder à l'esprit qu'elle n'a pas démarré avec autant de force. En fait, elle a commencé très doucement. Il se peut que ce ne soit pas une donnée inhérente à l'idée de notre pays ; en tout cas, elle n'est pas permanente.

La montée du nationalisme, bien évidemment, est suivie par toutes les autres formes d'imbécillité qui renforcent l'identification à l'Etat et contribuent à sa vénération. Ce danger-là est au cœur de tout nationalisme. La pureté raciale, la notion de pureté religieuse, la volonté d'hégémonie culturelle sont des besoins sociaux pathologiques qu'engendre partout, et presque fatalement, le nationalisme. Le poète Wystan H. Auden qualifiait le nationalisme de maladie, et c'en est une. On peut le voir très clairement au cinéma : il se trouve que le développement de l'industrie du cinéma coïncide avec celui du nationalisme américain du début du XXe siècle. Le premier grand film américain a pour titre *Naissance d'une nation*, et il assimile la naissance de notre nation et l'accomplissement de la pureté raciale à l'époque de la Reconstruction*, c'est-à-dire dans les années 1870, 1880 et 1890. Les agissements brutaux et sanglants du Ku Klux Klan constituent un

---

* Période qui a suivi la guerre de Sécession, au cours de laquelle les Etats rebelles du Sud ont été placés sous la tutelle de Washington avant d'être rétablis dans leurs droits. *(N.d.T.)*

épisode honteux et horrible de notre histoire, et pourtant, là, dans notre premier autoportrait cinématographique, on le présente sans la moindre gêne. On en fait même un motif de fierté. Ce film est extraordinaire : répugnant sur le plan éthique, c'est-à-dire politiquement et spirituellement, il est pourtant formidable sur le plan artistique. On dirait un film de propagande nazi par Leni Riefenstahl ; néanmoins, c'est la source américaine de ce qui est peut-être la forme d'art la plus extraordinaire que le XXe siècle ait créée.

Le décrire comme "naïf" serait lui faire un grand honneur. Il est apocalyptique et biblique : sa vision est celle sur laquelle on n'arrête pas de tomber dès qu'on est confronté, dans l'Amérique d'aujourd'hui, aux vues apocalyptiques des fondamentalistes chrétiens. Leur façon de concevoir la fin des temps et le retour du Christ relève d'un fondamentalisme extrême qui nous ramène au conflit inhérent à ce pays et que j'ai déjà évoqué, celui qui oppose l'institution de l'esclavage aux promesses de la Déclaration d'indépendance et de la Constitution, qui dresse la Nouvelle Jérusalem contre les plantations. Il a fallu une guerre civile pour résoudre le conflit entre la réalité matérielle et raciste de l'esclavage et le langage essentiellement spirituel de la Déclaration d'indépendance et de la Constitution. Ce conflit inhérent n'a pu trouver un début de solution qu'au prix de la guerre la plus coûteuse, en termes de vies humaines, de notre histoire. Et il a continué à alimenter des batailles bien après cette guerre-là, pendant toute l'époque de la Reconstruction que dépeint *Naissance d'une nation*, puis pendant une grande partie du XXe siècle, jusqu'aux années 1960 et au mouvement des droits civiques, avant d'être uniquement résolu en termes légaux. Mais sur les plans émotionnel ou psychologique il n'a toujours pas trouvé de solution.

On entend souvent une idée émanant de la droite – idée reprise avec persistance par le Sud – selon laquelle la guerre de Sécession aurait été une affaire de droit des Etats. Dans un sens, ce n'est pas faux. Il fallait régler une question politique centrale, une question constitutionnelle. Mais le droit des Etats pour lequel on se battait en l'occurrence était le droit de posséder des esclaves, le droit de posséder d'autres êtres humains. S'il s'était seulement agi du droit de lever leurs propres impôts, de créer des milices ou de protéger des terres publiques, personne ne serait parti en guerre. Mais il s'agissait du droit de posséder des esclaves. Donc, en son essence, la guerre de Sécession était un problème de race, et le conflit racial est au cœur de l'histoire des Etats-Unis. La race, c'est notre grand récit. Notre récit originaire. Tout s'y rapporte. Ce récit commence quand les premiers Européens débarquent sur les rivages des îles des Caraïbes et de Floride, sur les rivages de Jamestown, en Virginie, et ceux de Nouvelle-Angleterre, et qu'ils y rencontrent les gens à la peau brune qui se trouvent habiter là, des gens que les Européens traitent comme des moins qu'humains d'abord parce qu'ils en font une utilisation économique et ensuite parce qu'ils ne sont pas chrétiens.

Dès le départ, la différence raciale prend une place centrale dans l'imaginaire américain. Et elle l'occupe toujours. Elle demeure centrale. Nos guerres les plus atroces ont été menées en son nom. Nos combats politiques les plus importants se sont déroulés à son propos. Pratiquement toutes les campagnes politiques finissent par s'y réduire, même aujourd'hui. Elle modèle notre vie économique. Elle détermine notre vision du reste du monde. Notre manière de traiter le Sud-Est asiatique à la fin des années 1960 et au début des années 1970 ; ou notre attitude envers le monde arabe ; ou envers les Africains. Tout cela, au fond, se ramène à des considérations raciales. Je ne voudrais pas paraître abusivement réducteur : mais dès qu'on soulève le couvercle de la société américaine pour regarder à l'intérieur, c'est la race qu'on aperçoit presque toujours. Elle se loge dans le centre obscur de notre nature conflictuelle. D'une certaine façon, nous sommes un peuple schizophrène : je ne veux pas dire que nous ayons une identité divisée, mais notre identité est si profondément contradictoire qu'elle s'annule elle-même. Nous sommes en guerre contre nous-mêmes. Ce qui explique, me semble-t-il, que nous partions si souvent en guerre contre les autres : afin d'éviter de nous en prendre à nous-mêmes.

Pourquoi les Américains ont-ils toujours une vision si violente et si négative de la Révolution française ?

C'est une question intéressante. Pourquoi, en effet, les révolutionnaires français sont-ils devenus pour les Américains un tel symbole de violence populaire ? Je pense que la faute en revient à Dickens – parce que tous les Américains ont lu *Le Conte de deux cités* et en ont vu l'adaptation au cinéma. Cette vision de la Terreur est passée d'Angleterre aux Etats-Unis pendant le XIXe siècle, et elle s'est maintenue.

Cette image est effroyable à nos yeux. Je ne crois pas que les Américains aient, sur la Révolution française, une vision historique très informée. Ils n'en connaissent pas grand-chose et seraient très probablement incapables d'en donner les dates. La représentation qu'ils en ont provient des films et de la littérature. C'est une image terrifiante pour des gens qui, au départ, se sentent assez instables. Si vous vous sentez un peu instable et qu'on vous donne à voir la démocratie déchaînée, la loi de la rue, la terreur, la lutte des classes, vous réagissez par la peur. Oui, j'en tiens Dickens pour responsable. Sans ce roman et sans le film qui en a été tiré, je ne pense pas que les Américains auraient sur la Révolution française un regard différent de celui qu'ils portent sur la révolution russe. Or la russe ne nous paraît pas particulièrement horrible, même si elle a accouché du communisme et s'est avérée cent fois plus brutale que la française. On la considère comme un événement historique inté-ressant, pas comme quelque chose qui nous menace personnellement. Alors que la Révolution française a une présence très forte et exerce un pouvoir emblématique sur notre imagination. C'est peut-être la peur de la démocratie portée à l'extrême. La perte de contrôle social. Le communisme, le léni-nisme et même le stalinisme n'ont pas, pour nous, l'effrayante présence de la Révolution française.

III

L'IDÉOLOGIE
DU "NOUVEAU DÉPART",
LE MYTHE
DE LA FONTAINE DE JOUVENCE

UNE NATION D'IMMIGRANTS

(1880-1900)

*Parlons, si vous voulez bien, de l'immigration. Quelles
difficultés, quels obstacles culturels les vagues successives d'immigrants ont-elles eu à surmonter pour
s'intégrer ? Comment définir l'américanité ?*

Les premiers immigrants, hormis les colons initiaux,
ne sont pas venus de leur plein gré : c'étaient des
Africains réduits à l'esclavage, et ils n'étaient pas
volontaires pour venir. Mais ce sont quand même
des immigrants. Ils ont été les premiers à arriver en
grand nombre, en provenance, plus ou moins, de
la même partie du monde, c'est-à-dire de l'Afrique
de l'Ouest, et non pas de l'Europe. Il nous faut
donc les prendre en compte et nous rappeler que,
lorsque nous parlons d'immigrants, les Africains en
font partie. Il ne m'arrive que trop souvent de penser que nous ne voulons pas les considérer comme
tels. Par la suite, des vagues gigantesques d'immigrants ont commencé à déferler d'Europe au milieu
du XIXe siècle : d'abord des milliers et des milliers
venus d'Allemagne, mais surtout de l'Europe du

Nord-Ouest. Ils étaient blancs, protestants et s'assimilaient assez facilement même s'ils n'appartenaient pas à la classe moyenne. Puis les Irlandais, pour la plupart pauvres et catholiques, ont débarqué dans un pays qui était alors protestant et qui, en outre, était alphabétisé tandis qu'eux-mêmes étaient pour la plupart analphabètes. Ils sont arrivés en grand nombre, fuyant une pauvreté extrême, cherchant d'abord à satisfaire des besoins fondamentaux – trouver à se nourrir, à se loger et à se vêtir –, en quête d'à peine autre chose que d'une possibilité de survivre et, s'ils avaient de la chance et du cran, de prospérer. C'est devenu plus ou moins le modèle d'immigration qui a prévalu pendant une longue période – soixante-quinze ans ou davantage. Les Chinois sont arrivés d'Asie en aussi grand nombre que les Irlandais des années 1840. Puis il y a eu les Européens de l'Est, les juifs, les Polonais, les Italiens, les Grecs et ainsi de suite.

Chaque fois, ils apportent leurs propres normes culturelles qu'ils tentent d'intégrer aux normes américaines déjà en vigueur ici, et ils y réussissent plus ou moins bien. L'intégration devient difficile quand les normes religieuses des immigrants sont différentes, quand il s'agit de catholiques plutôt que de protestants, de bouddhistes, de confucianistes ou d'hindous plutôt que de chrétiens, ou bien quand les immigrants sont considérés comme différents en termes de race. Je pense à un livre intéressant, par l'historien Noel Ignatiev, intitulé *Comment les Irlandais sont devenus des Blancs*. Il met en parallèle les premières descriptions des Irlandais dans les journaux américains – on les montre comme des gens sexuellement irresponsables, insouciants, qui cherchent toujours à se faire plaisir et aiment la musique – et la manière dont on a dépeint les Afro-Américains non seulement pendant la même période mais jusqu'à il y a peu. Les stéréotypes et les préjugés qui frappaient les Afro-Américains ont été appliqués aux Irlandais. Dans les années 1940 et 1950, durant mon enfance et mon adolescence, il y avait un mot que mon père et d'autres Anglo-Américains de sa génération utilisaient pour parler des Italiens. Ils les appelaient des "Guinées", et je n'ai jamais su ce que signifiait ce terme jusqu'à ce que je sois adulte et que je comprenne que c'était un mot désignant l'Afrique ou les Africains. Ce qui signifie que jusque dans les années 1950, ce qui n'est pas si vieux, les Italiens et les autres Méditerranéens étaient considérés comme d'une autre race que la nôtre, la blanche. Même quand j'étais gosse, je trouvais ça très bizarre. Mais nous, les Américains, nous utilisons des stéréotypes raciaux pour parler de tous ceux qui sont en quoi que ce soit différents de nous. Que leurs différences soient culturelles, religieuses ou linguistiques n'a pas d'importance : nous trouvons toujours un moyen de les penser en termes de race.

Tout cela nous ramène à ce que j'ai déjà dit de l'obsession raciale dans l'imaginaire et le psychisme des Américains. Chaque vague d'immigrants a dû se battre contre ça. Même quand ils étaient blancs, ces immigrants ont dû subir d'une manière ou d'une autre l'angoisse raciale profonde et ancienne qui se tapit au cœur du psychisme américain. Les juifs qui venaient d'Europe orientale l'ont évidemment éprouvée. Les Grecs l'ont ressentie ; les Italiens aussi ; et aujourd'hui, c'est au tour des Hispaniques.

Tout cela est tellement absurde qu'on pourrait en rire si la façon dont cette angoisse s'exprimait n'était pas aussi horrible et cruelle.

Historiquement, à l'exception de l'immigration cubaine sous Castro, la plupart des immigrants qui arrivaient aux Etats-Unis n'avaient pas l'intention de repartir. Seuls les Cubains envisageaient le retour. Quant aux autres, une fois ici, non seulement ils s'inventaient une nouvelle existence et prenaient des mesures fortes, irréversibles, pour redémarrer leur vie, mais ils mettaient également fin au genre de vie qu'ils avaient mené jusque-là. Ils rompaient leurs attaches linguistiques, culturelles, ethniques et religieuses pour en créer de nouvelles. C'est très important, me semble-t-il, pour comprendre comment les Etats-Unis ont pu, au cours des cent cinquante dernières années, absorber toutes ces vagues successives de populations très diverses. Quel qu'ait été leur pays d'origine – la Corée, l'Inde, l'Amérique du Sud, la Grèce, l'Afrique, la Pologne ou l'Irlande –, le même processus a été à l'œuvre. Seuls les Cubains présentent une exception intéressante : ils se sont maintenus, pour ainsi dire, en attente. Se disant qu'à la mort de Castro ils rentreront à Cuba, ils ne se sont donc pas assimilés. C'est une différence remarquable par rapport à tous les autres immigrants. Les Mexicains de Manchester, dans le New Hampshire, et les Nicaraguayens de Portland, dans l'Oregon, ont été assimilés ; mais pas les Cubains de Miami, parce qu'ils ont en tête de rentrer un jour chez eux.

Les migrations qui ont eu lieu vers l'Europe au cours des vingt-cinq à quarante dernières années proviennent en majorité de pays musulmans. Les

Européens ont moins affaire à des immigrants qu'à des émigrants qui rêvent de retourner chez eux et s'efforcent de maintenir des liens, notamment culturels, avec le pays d'où ils viennent, leur lieu d'origine. Cela rend l'intégration bien plus difficile, comme nous l'avons vu surtout dans un passé récent.

Je ne saurais pas dire avec précision pourquoi tout cela s'est passé aussi difficilement en Europe, sinon que lorsque quelqu'un arrive aux Etats-Unis il débarque dans un pays qui a déjà une idéologie du "nouveau départ" extrêmement puissante. On ne vient pas aux Etats-Unis pour gagner de l'argent qu'on enverra chez soi jusqu'à ce qu'on en ait soimême assez pour rentrer. Les Etats-Unis ne sont pas seulement un endroit où l'on trouve un emploi, c'est un lieu où l'on recommence sa vie. Cette idée renvoie au tout premier rêve américain tel que j'ai tenté de le décrire et au cœur duquel se niche l'idée de nouveau départ. Certes, le rêve économique est là. On peut améliorer sa situation financière et sa condition matérielle. L'Amérique est aussi un lieu vertueux : on peut y vivre à la fois dans la liberté et sans souillure – c'est là un autre mythe. Mais au centre de tout se trouve le mythe qu'il est possible de recommencer sa vie, de redevenir un enfant – la fontaine de Jouvence. C'est quelque chose de très fort. Et ça marche. Ça marche vraiment. Parce que si vous voulez recommencer, il vous faut tuer le passé, or les Américains sont très doués pour tuer le passé.

C'est la raison pour laquelle un si grand nombre de nos films et romans préférés parlent d'acquérir une nouvelle identité, de transformer nos vies. Cap

à l'Ouest, jeune homme ! Cap à l'Ouest, jeune fille !
Pars vers le sud ! En route vers les Territoires ! Ou
alors il s'agit de changer d'identité, de rejeter le passé
et de devenir quelqu'un de nouveau. Pas nécessairement un personnage puissant, même si, en Amérique, c'est toujours possible, mais un personnage
nouveau. Les romans et les films sur la traversée de
grands espaces ne parlent que de ça. Ces thèmes
sont singulièrement américains : on part vers l'Ouest
en voiture ou dans un chariot bâché, ou encore on
descend un fleuve sur un radeau. Et, du coup,
on change, on devient quelqu'un de différent. C'est
une image puissante qui ne correspond pas aussi
facilement à l'imaginaire d'autres peuples. On ne
retrouve pas les mêmes histoires au Brésil, par
exemple. Et certainement pas en Europe.

S'agit-il d'un rite de passage ? Oui, je le suppose.
Les deux romans les plus forts du XIXᵉ siècle, pour
ce qui est de l'histoire américaine, sont *Moby Dick*
de Herman Melville et *Les Aventures de Huckleberry
Finn* de Mark Twain : tous les deux impliquent une
transformation – une métamorphose spirituelle. Le
premier raconte la poursuite d'un grand cachalot
blanc à travers les océans. Le deuxième, où l'on
voit un jeune garçon blanc et un adulte noir descendre le Mississippi en radeau, cherche à éclairer
les rapports de race. En outre, *Moby Dick* raconte
l'histoire d'un Blanc dans un équipage racialement
mélangé, et la race est un facteur important du
déroulement de l'intrigue. Le roman et le film qui
en a été tiré mettent tous les deux l'accent sur l'in-
timité entre les races et la célèbrent tout au long
d'une histoire où l'équipage suit un capitaine obsédé,
voire fou, à la recherche d'un cachalot blanc dans

les mers occidentales. Il s'agit là d'une abstraction pure, d'une vérité absolue, disons d'une vérité d'ordre religieux. Ces histoires ont quelque chose de très vivant pour les Américains et, comme vous le suggérez, décrivent des rites de passage ; mais c'est un passage dans l'espace, dans le mouvement, ce qui, depuis les origines, revêt une importance centrale pour l'expérience américaine.

IV

LA CONQUÊTE DE L'OUEST

UNE DRAMATISATION
DE L'IMAGINAIRE

(1880-1900)

Cette conquête est-elle différente des entreprises coloniales européennes de la fin du XIXᵉ siècle ? Pourquoi le western est-il devenu aussi rapidement une mythologie universelle ?

La question est complexe de savoir en quoi la conquête de l'Ouest par les Américains diffère de la colonisation de l'Afrique et d'autres régions par les Européens au XIXᵉ siècle. Il existe des points de comparaison évidents, mais aussi des différences intéressantes. Pour les Américains qui vivaient à l'est, l'Ouest est apparu d'emblée comme une extension de l'Est, rien de plus. Il ne s'agissait pas d'un continent différent appartenant à d'autres et qu'il aurait fallu en quelque sorte conquérir. Aller prendre le contrôle de l'Ouest et le coloniser n'était rien d'autre qu'accomplir notre "destinée manifeste". C'était une manière, peut-être la seule à notre portée à ce moment-là, de manifester notre destin d'Américains. L'Ouest nous a appartenu d'emblée. Et pas seulement dans notre imagination. On peut

le constater dans les toutes premières cartes coloniales : elles prolongeaient le Connecticut et d'autres Etats à travers tout le continent sans même
savoir ce qui s'y trouvait. Cette expansion est devenue engagement juridique avec l'achat de la Louisiane à la France en 1803. Les Américains se sont
alors trouvés propriétaires d'une énorme masse de
terre à l'Ouest, et le président Jefferson a envoyé
Meriwether Lewis et William Clark chercher une
route à travers ces territoires – en réalité, ils étaient
censés donner à Washington un aperçu de ce qui
venait d'être acheté. Ce n'est donc pas la même
chose que lorsque les Anglais, les Français et les
autres Européens sont partis à la recherche des sources du Nil ou du Congo et qu'ils ont ensuite déspos-
sédé les Africains de leur continent pour y établir
des colonies. Les Américains avaient le sentiment
d'explorer leur propre jardin. Peu importaient tous
ces peuples indiens – des centaines de milliers de
gens, peut-être même des millions – vivant déjà
dans ce vaste territoire qu'ils considéraient comme
leur jardin, le jardin de New York et le jardin de la
Virginie. Quand les Américains partaient vers
l'Ouest, ils ne colonisaient pas, ils s'installaient tout
simplement chez eux. C'est un tout autre état d'esprit. Et ils délogeaient les gens qui vivaient déjà là
comme si c'étaient *ces peuples* qui étaient les enva-
hisseurs. Les indigènes n'étaient pas considérés
comme les propriétaires ni les gestionnaires de
cette vaste portion de territoire, mais comme des
intrus dans notre propriété.

Là où nous avons agi comme des Européens
quand ils ont colonisé l'Afrique – et nous y sommes allés de bon cœur –, c'est d'abord dans la

guerre hispano-américaine de 1898 et la conquête des Philippines, puis dans la colonisation de Cuba, de certaines régions d'Asie, d'Amérique centrale et du Sud, ainsi que des Caraïbes. Du fait que nous nous étions emparés de l'Ouest au cours du XIXe siècle, nos ambitions coloniales ont été légèrement retardées et, contrairement à celles des Européens, n'ont pas commencé à se réaliser avant le XXe siècle. Mais notre conquête de l'Ouest présente des parallèles étonnants, tant sur le plan des faits que sur le plan économique, avec la colonisation européenne – même si nous ne nous considérions nullement comme des colonisateurs. D'une certaine façon, le western est un genre qui souligne bien ce point. Il ne présente jamais une histoire de colonisation : il y est question de s'emparer d'un territoire qui nous était destiné et nous appartient en toute légitimité, et puis d'instaurer une façon de le gouverner et de l'habiter. La première urgence consiste à en faire déguerpir ces foutus Indiens. La deuxième est de construire un fort permettant d'établir une base militaire qui protégera les citoyens. Ensuite on érige une cabane en rondins, une clôture derrière laquelle on met les bœufs et les moutons, puis on laboure pour planter du maïs et du blé. Ainsi on domestique, on dompte peu à peu la nature sauvage. Voilà, dans l'imaginaire américain, le processus en cours. Et bien entendu, ce que font ces films – ce que font tous les films –, c'est dramatiser cet imaginaire.

Dans notre imaginaire collectif, les Indiens font partie de la nature sauvage, et il faut les chasser d'une manière ou d'une autre. Ensuite, on a la liberté de couper la forêt et d'utiliser les rondins pour bâtir le fort. On aura ainsi dégagé un champ ou deux sur lesquels on pourra construire une maison et élever des animaux domestiques. Dans ces westerns, on peut presque voir se dérouler toute l'histoire de la civilisation. On commence par être chasseur-cueilleur et l'on devient agriculteur. Ensuite, on construit une ville. C'est un genre fascinant si l'on veut bien le considérer sous cet aspect. Mais c'est ainsi, me semble-t-il, que les Américains voient l'expansion vers l'Ouest. Nous domptons notre domaine sauvage, nous le domestiquons, nous le rendons propre à recevoir la famille nucléaire américaine. Laquelle, bien entendu, est toujours blanche, de condition moyenne et dotée de 2,4 enfants.

Pour les Américains, il s'agit là d'une séquence d'images fortes, saisissantes, qui plongent au cœur du rêve américain. Vous pouvez partir vers l'Ouest. Vous pouvez trouver de la terre sur laquelle construire une maison. Vous pouvez établir une communauté libre, démocratique, capable de vous soutenir, et vous pouvez recommencer votre vie. L'une des choses qu'on peut remarquer dans tous ces westerns, c'est qu'on mentionne à peine le lieu d'où viennent les colons – qu'il s'agisse de Boston, de Philadelphie ou d'Atlanta. Ces gens ne se raccrochent nullement au passé, ils vont toujours de l'avant. Le western traite du rêve américain, et cela très nettement. Les forces susceptibles de contrecarrer ce rêve ou de le ralentir sont souvent présentées dans le western en termes de race : c'est l'Indien ou le Mexicain, en tout cas l'Autre. Ce ne sont pas ce que nous appelons les forces de la civilisation. En général, l'intrigue part du moment où le sauvage – ou le païen, ou l'Autre non blanc – menace de nous empêcher d'instaurer le bonheur domestique tel qu'il est dépeint par la Constitution et la Déclaration d'indépendance. Voire par la Bible.

Au bout du compte, tout cela mène à la construction d'un empire. C'est un moteur puissant, ce rêve américain. Il est peut-être psychotique, mais il n'en est pas moins fort. Car, d'une certaine façon, il faut être psychotique pour croire qu'on peut refaire sa vie et que le passé n'existe pas. Croire qu'on peut toujours améliorer son sort financièrement et économiquement, que chaque génération fera mieux que la suivante, c'est tout simplement impossible et, en fin de compte, voué à l'échec. Les besoins, les exigences économiques qui soustendent le rêve sont toujours en conflit avec les idéaux démocratiques. Les besoins et les attentes économiques dépendent en effet d'une attitude qui veut que les gens se piétinent les uns les autres. Ce qui s'oppose aux idéaux démocratiques de "nos documents sacrés".

V

"UN PAYS DE MÉCANICIENS AUTODIDACTES"

L'INVENTION DE LA MODERNITÉ

(1900-1913)

Comment expliquer qu'un regroupement d'immigrants pauvres et démunis ait réussi à donner naissance, en moins de cinquante ans, à la première puissance industrielle du monde ? Quand l'Amérique prend-elle conscience d'être devenue un "Nouveau Monde" ?

Je suppose que c'est la puissance industrielle du XXe siècle qui a fait changer de mains les outils avec lesquels nous assurons nos conquêtes. Du coup, l'espace ne suffit plus à définir le cours suivi par l'empire. Ce n'est plus une question agraire. L'espace utilisé pour élever des vaches et des moutons, pour avoir de grands champs de maïs, de seigle et de blé a d'abord fourni une sorte de moteur à l'empire. Puis c'est la puissance industrielle des villes – celles du Midwest comme Chicago, Detroit et Cleveland – qui est devenue le moteur. Il faut trouver des consommateurs pour tout ça. Mais il s'agit là d'un autre genre d'empire, plus terrestre, du même genre que celui des Européens : il se résume à l'exploitation des ressources naturelles d'autres peuples et à l'exploitation de ces peuples en tant que producteurs. Dès la fin du XIXe siècle, surtout en Amérique centrale et du Sud, puis en Asie, en Afrique et au Moyen-Orient, les Américains ont été très actifs pour repérer et exploiter des matières premières ainsi que pour les gérer à leur avantage. Il s'agit là d'un modèle d'empire plus conventionnel, davantage dans la tradition européenne, que les Etats-Unis ont soigneusement imité mais qu'ils ont appliqué avec moins d'enthousiasme que les Européens. Il se peut que, dans la mondialisation récente de l'économie, les Etats-Unis fassent de grands efforts pour occuper la place centrale et dominer autant que possible le processus à l'œuvre – en tout cas plus que tout autre pays au monde hormis peut-être la Chine. Car, apparemment, même si c'est à contrecœur, nous admettons une exception pour la Chine. Les Etats-Unis ne s'en trouvent pas moins au centre même de l'élan de mondialisation. C'est un élan qui nous est familier : il prolonge les impulsions qui ont été mises en œuvre à la fin du XIXe siècle lors du mouvement vers l'Ouest. Arrivés au bout de nos terres, nous avons continué à nous déplacer : vers le sud en Amérique latine, puis encore plus à l'ouest en Asie, et à l'est jusqu'en Afrique.

Tout cela résulte en réalité d'un concours de facteurs. Pour commencer, un accès facile et sans restriction à de vastes ressources en matières premières, une population d'immigrants offrant une énorme réserve de travail bon marché, un système de transport permettant de distribuer et de recevoir des matériaux sur tout le continent grâce à une bonne navigation fluviale ainsi qu'à des canaux et des voies ferrées construits au XIXe siècle. Construits, d'ailleurs, par ces mêmes vagues d'immigrants. Ce sont là des éléments importants qui ont convergé aux Etats-Unis à la fin du XIXe et au début du XXe siècle. En même temps, l'idéologie alimentée par le rêve américain permettait aux gens de se sacrifier au motif qu'il valait la peine d'accomplir ce sacrifice. On retrouve ici la vieille histoire des trois générations telle qu'elle fut formulée à l'époque de la révolution américaine par le président John Adams, l'un des pères fondateurs. La première génération travaille de ses mains pour que la deuxième puisse aller à l'université et obtenir une situation permettant à la troisième de mener une vie oisive, voire d'artiste. C'est ainsi que la première génération, au fond, se sacrifie pour la deuxième qui, à son tour, se sacrifie pour la troisième. Le tout de bonne grâce, parce que la croyance au progrès est ancrée très profondément et suscite un empressement à se sacrifier qui, me semble-t-il, serait récusé par l'imaginaire européen. On voit ce mécanisme encore à l'œuvre aujourd'hui. On voit se succéder des vagues et des vagues de gens venus des Caraïbes, d'Afrique, d'Asie, d'Amérique latine, qui acceptent de travailler très dur, de passer toute leur vie dans des postes subalternes pour que leurs enfants puissent étudier et ne pas être obligés d'accepter des tâches ingrates, qu'ils puissent accéder à des professions libérales, devenir avocats ou médecins, de sorte que la troisième génération soit en mesure d'aller à l'université pour étudier les humanités ou la philosophie. Pendant des années, j'ai enseigné dans une université, et le processus était toujours le même. A

Princeton, je donnais des cours à des enfants d'immigrés venus d'Inde, de Corée, de Jamaïque, etc. Leurs parents constituaient cette première génération qui s'était éreintée à des tâches ingrates pour que ces enfants puissent aller à l'université, et ces enfants étudiaient tous la médecine, le droit, le commerce, des disciplines de ce genre. Et vous pouviez être sûr que, lorsque leurs propres enfants iraient à l'université, ce serait pour étudier la musique, l'art, la philosophie, les humanités. Tout cela fournit beaucoup d'énergie.

Mais les gens qui ont changé le monde au début du XXe siècle n'ont pas été les Rockefeller, les Carnegie et les Ford. Ceux-là n'ont pas changé le monde. Ce sont les gens qui travaillaient pour eux qui ont changé le monde. Ce sont les ouvriers qui ont donné sa puissance à l'industrie. La poignée d'individus au sommet – les Ford, Rockefeller, Astor et Carnegie – ont amassé de grosses fortunes mais n'ont pas fourni sa force à l'industrie américaine. Cette force lui est venue des millions d'Américains qui travaillaient sur les chaînes de montage, dans les mines, les champs, les chantiers de construction navale, les docks, les trains, etc. Ce sont eux qui ont changé le monde. C'est pour cela que je parle du rêve américain.

Rockefeller ne croyait pas au rêve américain, mais tous ceux qui travaillaient pour lui y croyaient. Ford ne croyait pas au rêve américain, mais tous les gars qui assemblaient à la chaîne le modèle "T" et le modèle "A" y ont cru. C'étaient des Irlandais, des Italiens et des Grecs, et ils y ont cru. Ils se sont sacrifiés, et ils ont travaillé très, très dur pendant de très nombreuses années. Tous ces Hongrois et ces

Polonais qui ont travaillé pour Carnegie dans les aciéries de Pittsburgh, ce sont eux qui ont changé la société américaine. Pas Carnegie. Mes héros américains ne sont ni Carnegie ni Ford. Ce sont les travailleurs des mines et des chaînes de montage, des aciéries et des docks. Ce sont ceux qui ont posé les rails dans tout ce pays, les Chinois et les Irlandais qui ont creusé les canaux. Tous les pays ont leurs capitaines d'industrie. La France a eu les siens dans les années 1920. Ce que la France n'avait pas, c'était cet énorme réservoir de main-d'œuvre qui consentait à se sacrifier au travail, réservoir qui, d'ailleurs, était majoritairement capable de lire et d'écrire. Ce qui n'est pas négligeable.

Quel rôle la technicité et l'économie jouent-elles dans la conception américaine de la modernité ?

Les Américains ont toujours cru en la beauté quasi spirituelle des machines. Nos héros les plus anciens sont des gens tels que Benjamin Franklin. Et si nous mettons Ben Franklin sur le même piédestal que George Washington, James Madison et Thomas Jefferson, ce n'est pas pour ses qualités d'homme d'Etat, bien que Franklin ait été un grand homme d'Etat. Non, ce que nous vénérons en lui, c'est le bricoleur américain classique, le véritable mécanicien dans son sens le plus ordinaire. Et, ce qui est encore mieux, le mécanicien américain autodidacte. Il y a d'autres héros américains de la même veine, notamment les frères Wright, Robert Fulton et son bateau à vapeur, Thomas Edison et, bien sûr, Henry Ford. Mais le Henry Ford que nous admirons est le mécanicien qui, au fond d'un garage de

Detroit, a mis au point tout seul le premier modèle "T". Pas l'industriel international. Nous aimons voir en nous un pays de mécaniciens pour la plupart auto-didactes. Du coup, c'est vrai, nous idéalisons la technologie, me semble-t-il. Notre culture est très pragmatique et matérialiste. C'est pourquoi nous admirons les mécaniciens – pas les savants abs-traits, mais ceux qui s'occupent de science appli-quée, et c'est une admiration qui date des origines. Si vous remontez aux XVIe et XVIIe siècles de l'his-toire américaine, vous vous rappellerez que les premiers colons étaient coupés des sources euro-péennes de la production industrielle alors à ses débuts. Ils se trouvent dans des régions sauvages, ou à la lisière de ces régions, en Virginie, en Nouvelle-Angleterre, à New York. Ils doivent se débrouiller avec ce qu'ils ont, et ils n'ont pas grand-chose. Ils doivent abattre eux-mêmes les arbres et faire des briques avec l'argile des bords du fleuve ; ils sont obligés de travailler avec ce qu'ils ont, littéralement, sous la main. D'où l'immense affection et le grand respect pour le mécanicien et pour la machine arti-sanale, et cela dès le début. Ils nous ont permis de vaincre la nature sauvage.

Lorsque nos machines artisanales se sont trans-formées en chaînes de montage, lorsque nous en sommes arrivés à une industrie exigeant un haut degré de technologie, nous avons eu une longueur d'avance sur le reste du monde parce que nous avions gardé une profonde affection pour le mécani-cien – pour les Bill Gates et les Steve Jobs d'Améri-que – et pour la technologie. Nous ne sommes pas superstitieux en ce domaine comme peuvent l'être d'autres cultures. Nous ne sommes pas condescendants à l'égard du mécanicien ou de l'ingénieur. Nous les admirons. D'une certaine façon, à l'ère industrielle et post-industrielle, cela nous donne un avantage.

Le développement du libéralisme économique et la constitution de très grandes fortunes au début du XXᵉ siècle ont-ils entraîné des transformations sociales et un changement dans les valeurs traditionnelles ?

Vous dites qu'au début du XXᵉ siècle d'importantes modifications sociales ont été provoquées par la constitution de grandes fortunes et par le développement du libéralisme économique. La question est donc : Est-il possible de modifier des valeurs traditionnelles ? A mon avis, les choses sont posées à l'envers. Dans les années 1930, la société américaine a connu une série importante de changements en même temps que se développait le libéralisme économique. Avec ces modifications sociales, il s'est produit un changement dans les valeurs traditionnelles. Mais ce changement a été induit par la Grande Dépression économique. Il s'est produit parce que les grandes fortunes industrielles n'avaient pas réussi à fournir un filet de protection sociale capable de supporter une panne du système économique capitaliste. Il s'en est suivi une pauvreté extrême, généralisée, et c'est cette pauvreté, et non pas l'accumulation des richesses dans un petit segment de la société, qui a provoqué une mutation des valeurs sociales traditionnelles accompagnée d'une montée des valeurs progressistes et de l'idée que l'Etat avait la responsabilité de s'occuper du bien-être de ses citoyens.

Avant cette date, avant Franklin Roosevelt et 1932, une telle idée n'avait pas cours dans la société américaine. Le New Deal et l'instauration de certaines institutions telles que l'aide sociale et d'autres organismes de protection qui fonctionnent encore aujourd'hui ont vu le jour à ce moment-là. Mais au fond ce qui s'est passé en premier lieu, c'est que nous avons envisagé autrement la responsabilité qu'avait un gouvernement envers son peuple. C'est la pauvreté, suscitée par la Grande Dépression et l'effondrement de l'économie capitaliste, qui a remis en question les conceptions et les valeurs traditionnellement acceptées par les Américains au XIX⁰ siècle. Elle les a transformées – nous avons cru que ce serait de manière définitive, et pourtant elles sont de nouveau en péril aujourd'hui.

Regardez par exemple le film *Les Raisins de la colère*. Il dépeint cette période, l'épouvantable misère de cette période, et il le fait avec une immense compassion. Pensez à ce qu'il met en avant. C'est l'homme ordinaire qu'il met en avant. Il affirme que c'est quelqu'un d'important, cette petite personne qui a perdu sa terre, qui a tout perdu, qui dérive vers l'ouest. Cet homme est réduit à la misère, et il est amer ; il n'a plus de chez lui. On le présente avec une très grande compassion. Eh bien, on ne verrait pas un film comme celui-là dans les années 1920. On ne montrerait pas les pauvres sous cet angle, pas même chez Chaplin. On ne les voit ainsi qu'après la Grande Dépression, une fois que les valeurs sociales fondamentales ont changé. Dans les années 1940, il est possible de regarder avec énormément d'empathie la Grande Dépression et les pauvres de cette époque qui ont si horriblement souffert dans le désert de poussière de l'Oklahoma ou ailleurs.

Parlons, si vous le voulez bien, du film Wilson*. *Que penser du discours de Woodrow Wilson évoqué dans ce film sur l'association du capitalisme et de la démocratie ? Est-ce le modèle jusqu'à aujourd'hui de l'idéal politique américain ?*

Ce discours de Woodrow Wilson aurait pu sortir de la bouche de Ronald Reagan. Je ne plaisante pas. La démocratie et le capitalisme se sont mariés dans les années 1980. Je m'en souviens clairement. La démocratie et le capitalisme n'étaient plus seulement compatibles, ils étaient vus comme une seule et même chose, ils formaient une entité unique, inséparable, baptisée "démocratie de marché". Evidemment, c'est devenu de nos jours l'idéologie officielle qui guide les Etats-Unis, et on en parle comme si tel avait toujours été le cas, comme d'une notion inscrite dans la Déclaration d'indépendance et dans la Constitution. Mais la première fois que nous avons entendu quelqu'un formuler cette idée et en faire une vertu, c'était Ronald Reagan dans les années 1980. Ensuite, la formule est devenue l'idéal américain, comme vous le dites. Maintenant, c'est grâce à elle que nous justifions nos conquêtes, que nous justifions l'exploitation économique, les invasions et les occupations. C'est effrayant. Certes, elle existait déjà en tant qu'élément important de l'idéologie américaine des années 1920 et même avant. On le voit à l'époque du premier Roosevelt,

* Film d'Henry King (1944).

Theodore, au tout début du XXᵉ siècle quand il prétend exporter en même temps le capitalisme et la démocratie aux Philippines. Comme si l'un devait fournir un abri à l'autre. Ça remonte même plus loin. Dans les années 1820, les Américains ont créé en Afrique le pays du Liberia. De leur point de vue, ils allaient ainsi résoudre le problème racial des Etats-Unis parce qu'ils pourraient renvoyer les Africains en Afrique. C'est dans ce but qu'a été créé le Liberia.

Mais les fondateurs du Liberia croyaient aussi qu'ils transformeraient du même coup l'Afrique en havre pour les trois C : christianisme, capitalisme et civilisation. D'une certaine façon, encore aujourd'hui c'est ce rêve, ce fantasme, qui sous-tend la fusion du capitalisme et de la démocratie. Nous faisons de l'Irak un havre des trois C : christianisme, capitalisme et civilisation. Woodrow Wilson pensait que si l'on prend la démocratie on aura le capitalisme avec, et inversement. Une bonne affaire : deux pour le prix d'un. C'est un fantasme, bien évidemment, un fantasme intéressé.

Les discours que George W. Bush a tenus lors de sa campagne électorale pour sa première élection présidentielle, ainsi que certains discours d'autres républicains à la même époque, étaient anti-wilsoniens aussi bien dans l'esprit que dans l'intention. Les républicains se présentaient alors comme des non-interventionnistes, voire carrément comme des isolationnistes. Mais maintenant, dans le deuxième gouvernement Bush, ils en sont venus à justifier leur politique à peu près de la même façon que Woodrow Wilson. J'ai l'impression que ce discours, dans le film, est calqué sur le discours historique, qu'il vient tout droit des archives. Il y a beaucoup de choses, dans ce film, qui viennent des archives. C'est un film intéressant, révélateur à son insu.

Nous cherchons toujours des façons de nouer ensemble les trois fils que j'ai mentionnés au début de notre discussion. Et nous cherchons des moyens d'éviter le conflit intrinsèque entre le matérialisme et l'idéalisme – ces deux orientations qui ont fourni les premières justifications de la présence européenne en Amérique du Nord. Car tout remonte à cela. Le mariage du capitalisme et de la démocratie est un moyen d'unir ces deux élans opposés et de passer outre à leurs contradictions inhérentes. La première version de la Constitution, avant d'avoir été amendée pour abolir l'esclavage, témoignait du même genre de conflit qu'elle n'arrivait pourtant pas à résoudre malgré ses efforts. Abraham Lincoln l'a bien dit : il y avait dans notre Constitution une contradiction fondamentale entre les idéaux de la démocratie et l'institution de l'esclavage. L'esclavage est économique et matérialiste ; la démocratie est idéaliste. Quand on marie le capitalisme et la démocratie, on tente de contourner cette contradiction. Ce qu'on entend bien dans le discours de Wilson, dans ceux de Reagan et, aujourd'hui, dans ceux de George W. Bush.

VI

DÉFENSE ET ILLUSTRATION
DES "TROIS C"

CHRISTIANISME, CIVILISATION, CAPITALISME

(1914-1917)

Comment est né le concept d'isolationnisme ? Pendant la Première Guerre mondiale, pourquoi les Américains ont-ils attendu si longtemps, trois ans, avant d'intervenir ? N'étaient-ils pas conscients que ce qui se passait en Europe menaçait l'équilibre du monde ?

Les politiciens se trouvent face à des ambitions et des situations diverses, et ils modifient leur rhétorique en fonction de leurs besoins. Les politiciens ont toujours agi ainsi. Ce qui nous amène à la grande question de l'isolationnisme, au fait que les Etats-Unis, au cours des dernières années, sont passés de la tentation de l'isolationnisme à un interventionnisme généralisé. On peut discerner la première tendance dans les années Clinton, par exemple dans le peu d'empressement que Clinton a montré à s'engager dans les Balkans ou quand on voit comme il a fait la sourde oreille au moment des crises du Rwanda et d'ailleurs. En 2000, pendant sa campagne contre Al Gore, Bush se vantait d'être le candidat qui ne s'occuperait pas de remodelage de pays tiers – ce qu'on appelle *nation-building* – ni des changements de régime associés à ce remodelage. Ses discours étaient encore plus isolationnistes que ceux de Clinton ou de son père. La situation l'a obligé à les modifier lors de sa deuxième présidence. Mais indépendamment de la situation extérieure nous avons oscillé au fil du temps entre des impulsions isolationnistes et des impulsions interventionnistes, en fonction de la perception que nous avions de nos besoins économiques – même si, chaque fois, l'isolationnisme comme l'interventionnisme ont été justifiés et rationalisés en termes idéalistes. En réalité, le choix était toujours intéressé d'une manière ou d'une autre. Nous avons donc oscillé. Nous avons justifié par des discours idéalistes l'intervention à Cuba et aux Philippines en 1901, 1902 et 1903, alors que nous cherchions uniquement à rattraper les Européens dans leur construction d'empire. Nous avons justifié en termes idéalistes notre maintien à l'écart de la Première Guerre mondiale parce qu'en fait nous n'étions pas menacés militairement. Puis, quand il est apparu que les attaques allemandes contre la navigation américaine mettaient en péril nos transports de marchandises vers l'Europe, nous sommes entrés en guerre. Les raisons étaient donc économiques, mais, comme d'habitude, nous avons usé de rationalisation en proclamant que nous volions au secours de l'Europe. Balivernes. Nous volions au secours de la navigation américaine.

Vous demandez pourquoi les Etats-Unis sont entrés aussi tard dans la Première Guerre mondiale : c'est simplement parce qu'il n'était pas dans notre intérêt économique d'intervenir plus tôt. Et nonobstant la rhétorique officielle, la politique étrangère, aux Etats-Unis, est historiquement soumise à l'économie. Il en a toujours été ainsi. Nous sommes un peuple si nationaliste que rien ne nous retient d'évaluer nos relations avec les autres pays en termes pragmatiques et intéressés. Et comme nous avons une hiérarchie des valeurs fondées sur des priorités nationales, nous considérons nos valeurs et nos besoins comme plus importants que ceux de n'importe qui d'autre sur cette planète. C'est un droit que donne le nationalisme. Donc, ce qui arrive aux Européens ou à qui que ce soit d'autre sur la planète n'est pas aussi important que ce qui nous arrive. Quand nous disons que nous exportons la démocratie et que nous le faisons pour sauver le monde, ça paraît formidable. C'est sans doute la seule façon de persuader les Américains de partir en guerre, de se sacrifier. Alors qu'en réalité nous partons en guerre pour ce que nous percevons comme nos besoins économiques. C'est un fait historique. Notre isolement est d'abord physique, et jusqu'à une date récente il nous a permis de nous sentir à l'abri des menaces militaires d'autres pays. Nous ne risquons pas d'invasion mexicaine ou canadienne. Et jusqu'à ces toutes dernières années, les mers nous avaient aussi protégés. Grâce à cet isolement physique, nous nous sommes sentis sans peur face au reste du monde – c'est-à-dire que nous n'avons pas eu peur d'être envahis. Si vous voulez exciter les Américains suffisamment pour qu'ils partent en guerre, il faut leur faire croire qu'ils sont menacés par une invasion imminente. Regardez la réaction aux attaques du 11 Septembre. Bush et compagnie ont poussé les Américains à faire la guerre en leur donnant l'impression qu'ils étaient menacés.

Pour revenir à la question sur la Première Guerre mondiale, nous étions en train de perdre notre capacité à expédier des marchandises en Europe et à acheter des denrées aux Européens. Et cela, en effet, à cause des attaques des sous-marins allemands. Le film *Wilson* dépeint cette affaire plutôt bien – c'en est même surprenant. Il montre clairement que la seule chose qui fera basculer le Congrès et le Sénat en faveur de la guerre sera la conviction que l'économie américaine est menacée – qu'on ne peut plus expédier le café des Etats du Sud ni toutes ces munitions fabriquées dans les usines du Nord. On peut tirer de grands profits d'une guerre. Il y a toujours des gens qui, à cette occasion, gagnent énormément d'argent. Ceux qui vendent tous ces uniformes, ces chars, ces armes. Il y a là un marché gigantesque. Ce n'était donc pas pour sauver l'Europe. Ce n'était pas pour sauver les Français des Allemands, vous pouvez me croire ! En fait, je pense qu'à bien des égards les Américains étaient plus germanophiles que francophiles. Au début du XXe siècle, les Américains adoraient les Allemands.

Bush est obligé de recourir à ce genre de discours pour justifier les sacrifices américains. Sinon, il ne pourrait pas faire marcher les Américains au pas. Il puise dans le sentiment d'importance de soi que procurent l'idéalisme, la religion et le nationalisme. Et il s'en sert à ses propres fins, évidemment. Il est là en contradiction avec l'idéologie politique soutenue par le parti républicain au cours des cinquante dernières années. En réalité, nous sommes revenus à l'époque d'Eisenhower, aux années du début de la guerre froide, avant la politique d'endiguement du communisme. Et quand Bush parle de l'appel de l'histoire, il veut se donner des airs de Franklin Roosevelt en 1942. Parce qu'il est prêt à tout. Il nous sert ce genre de rhétorique parce qu'il n'a aucun autre moyen d'engager les Américains à consentir aux sacrifices qu'ils doivent faire, aucun autre moyen de les pousser à commettre les atrocités qu'ils sont obligés de commettre dans cette guerre en Irak et ailleurs, et de renoncer aux droits essentiels que nous promettent nos documents sacrés. Nous devons sentir qu'il existe une cause qui vaut de tels sacrifices, et c'est ce que Bush veut nous faire ressentir : il veut nous donner cette cause et le sentiment que nous enfourchons notre blanc destrier pour sauver le monde. Et transformer le monde en havre des trois C. Il emploie d'ailleurs sans cesse le mot "civilisation".

Est-ce du cynisme ?

Si je pense que nos dirigeants sont cyniques ? Oui, honnêtement, je le pense. Il me semble, cependant, que leur système de croyances les persuade qu'ils œuvrent pour le bien universel – que le bien universel leur demande de s'engager dans des actions qui les avantageront, eux en particulier. Je ne sais pas si vous connaissez une expression qu'employait Reagan, celle de "l'économie des retombées". On croyait, et on le croit encore chez les républicains, que si l'on diminuait les impôts des riches, ces avantages finiraient par retomber sur les pauvres, qu'en somme les pauvres bénéficieraient de la réduction d'impôt dont avaient profité les riches. Un formidable fantasme. Très alléchant. Tout le monde attendait qu'un peu d'argent finisse par retomber.

Bien entendu, comme ça ne se produisait jamais, on accordait une nouvelle réduction d'impôt aux riches. Et les riches disaient : Ne vous inquiétez pas, c'est l'économie des retombées ; ça va finir par arriver jusqu'à vous. Ils y croyaient. Les riches croient toujours que ce qui est bon pour eux est bon pour tout le monde.

J'ai passé des heures à parler à de vieux agents de la CIA aujourd'hui à la retraite, qui ont été impliqués dans des atrocités comptant parmi les pires : l'assassinat de personnalités telles que Lumumba, des insurrections, des renversements de gouvernement, des changements de régime dans des pays tels que la Grèce, etc., un peu partout dans le monde. Des choses épouvantables. Et s'ils croient que vous faites partie du club, ces vieux types vont s'asseoir avec vous et vous parler assez ouvertement parce qu'ils pensent avoir agi pour le bien de tous. C'est pour le bien de tous que nous sommes allés dégommer Lumumba – sinon, il nous aurait collé un régime communiste, là-bas. Et si nous avions eu un régime communiste dans cette région centrale et très riche d'Afrique, alors le communisme aurait eu un pied en Afrique et patati et patata, on connaît la chanson. Nous avons dû tuer les Diêm* au Viêtnam. C'était pour le bien de tous.

Il y a deux ou trois ans, à partir du roman de Graham Greene, on a réalisé un film sur les Américains au Viêtnam : *Un Américain bien tranquille*. C'est un portrait superbe de l'innocence intéressée

* Ngô Dinh Diêm, président de la république du Viêtnam-du-Sud, et sa belle-sœur Mme Nhu ont été tués lors d'une insurrection de généraux en 1963. *(N.d.T.)*

typique des Américains. Il ne s'agit pas tout à fait de cynisme, mais de naïveté voulue, de naïveté utile, intéressée, que je crois être la marque de cette classe de politiciens américains, de ces capitaines d'industrie et de leurs compères. Cette naïveté intéressée leur permet de régner sans problème de conscience. De pousser les pauvres, les Noirs, les Hispaniques et tant d'autres à sacrifier leurs enfants et à payer le coût de toute l'opération. Ce ne sont pas les riches qui font les frais de cette guerre. Ce sont les pauvres qui paient, d'une façon ou d'une autre, et ce sont aussi eux qui meurent.

Wilson était, lui aussi, doué de cette naïveté profitable et intéressée. Il la manifestait de manière un peu plus cohérente et sans doute avec un peu plus de finesse intellectuelle que Bush et sa bande. Parce que, finalement, Wilson avait quelque instruction et peut-être un peu plus de culture que Bush, mais c'était au fond la même chose, et cette chose a été exprimée de façon diverse au fil des ans. N'oubliez pas que Kennedy est responsable du début de la guerre du Viêtnam. C'est sous son mandat que ça s'est passé. Il était censé être démocrate et progressiste, mais il a quand même employé le genre d'arguments que Bush reprend aujourd'hui pour la guerre en Irak. Simplement, il les servait avec une plus grande habileté. Wilson et J. F. K. étaient certes plus éloquents que Bush, mais leur message était identique. L'idéologie sous-jacente était essentiellement la même.

La présidence des Etats-Unis est une institution très singulière. Elle ne se résume pas à une personne : c'est une institution, ou un "rôle". Le président reflète l'imaginaire et la mythologie du peuple qui l'a élu, et cela, à bien des égards, plus encore qu'un monarque. Le peuple choisit un président, mais il le choisit en fonction de sa capacité à puiser dans ses croyances fondamentales, à exprimer ses mythes nationaux les plus profonds.

C'est un trait que partagent à un certain niveau aussi bien Woodrow Wilson que J. F. K., et même Richard Nixon, Carter, Reagan, Clinton et Bush – les deux Bush. Ils vont puiser dans nos mythes américains les plus profonds et les expriment. Ces mythes ne sont pas nécessairement intellectuels, voire intelligents, et l'on peut donc les exploiter sous des angles divers, selon divers niveaux d'instruction ou d'intelligence. La présidence est un rôle abstrait, symbolique. George W. Bush n'aurait pas été élu s'il n'avait pas réussi à persuader suffisamment de gens – pas une majorité, nous le savons bien, mais suffisamment de gens dans suffisamment de lieux à travers les Etats-Unis – qu'il représentait leurs aspirations communes les plus profondes.

La même chose valant pour Wilson, nous ne devrions pas nous étonner de constater que Bush et lui ont des discours qui se ressemblent, même si l'un s'exprime avec plus d'éloquence que l'autre. *Idem* pour J. F. K. Nous ne devrions pas être étonnés de voir qu'il finit par dire essentiellement la même chose que Wilson ou Bush, et qu'il tente, par exemple, de justifier l'invasion ratée de Cuba. La seule raison pour laquelle il condamne le débarquement de la baie des Cochons est d'ordre pratique : il n'a pas été assez bien préparé. De même, il tente de justifier l'assassinat des Diêm et l'accroissement des forces militaires américaines au Viêtnam.

Nous avons affaire là à John F. Kennedy qui passe pour le plus éclairé de nos présidents modernes. Mais il n'y a rien de surprenant à constater qu'un président finit, étrangement, par parler comme un autre, même s'il y a entre eux une grande différence de niveau d'éducation ou d'intelligence innée. En effet, ils ont tous deux été choisis par le peuple américain pour la bonne raison qu'ils semblent incarner nos idéaux et nos aspirations les plus profondes. Peu importe que ces idéaux et ces aspirations proclamées soient contradictoires.

A certains égards, c'est singulier. C'est vraiment une singularité, sur notre planète. Nul autre président, nul Premier ministre ni monarque n'a tout à fait le même rôle que le président américain. C'est un mélange de pape, de directeur général et de roi – sans être aucun de ces trois personnages seulement. Sur le président se projettent des croyances religieuses et spirituelles, une foi dans des pouvoirs d'origine divine dont il aurait hérité et qui seraient semblables à ceux d'un monarque. Mais on croit aussi au président en tant que directeur général qui fait avancer les choses. Toutes ces exigences se rassemblent en notre seul et unique président. Les autres pays les répartissent : ils ont un roi et des Premiers ministres. Ou bien un président et un Premier ministre.

En France, vous avez un président et un Premier ministre. Vous séparez le rôle symbolique du pouvoir exécutif. Dès le départ, nous, aux Etats-Unis, les avons associés. Je crois que cela remonte à la guerre d'Indépendance. A cette époque, il existait très peu de modèles de démocratie parlementaire, et nous étions très fortement tentés de remplacer le roi George par un autre roi George, à savoir George Washington. Il a fallu que Washington déclare fermement : "Je ne serai pas votre roi." Eh bien, d'accord, dans ce cas nous ferons de vous un président doté de pouvoirs énormes.

Nous lui avons accordé un mandat de quatre ans. Et jusqu'à la fin de la présidence de Franklin Roosevelt, jusqu'à ce que la Constitution soit révisée pour limiter les mandats à deux, ces quatre ans pouvaient en toute légalité se prolonger jusqu'à douze, seize ou vingt ans. Il était possible d'avoir un président monarque. C'est un rôle extraordinaire. A une époque d'empire, le président a la possibilité de devenir impérial, de se faire empereur. On le voit à l'heure actuelle dans le conflit qui oppose le Congrès au président Bush quant à la légalité des agissements du président – lequel serait très heureux de suspendre la protection de la vie privée et prétend agir de manière unilatérale. Comme nous sommes devenus un empire, le président cherche à se mettre dans la position d'un empereur éventuel. C'est effrayant ! Je vous donne là une vision bien noire de l'histoire des Etats-Unis.

Quel a été le rôle de la diplomatie américaine entre les deux guerres mondiales ? Comment a-t-elle pu aider au réarmement de l'Allemagne ? A-t-elle laissé se développer les germes du nouveau conflit ?

Le réarmement de l'Allemagne, oui, mais aussi, dans un sens, le partage du butin et la pauvreté qu'on a imposée à l'Allemagne. Est-ce de cela que vous voulez parler ?

Les réparations, oui…

Il me semble que deux facteurs interviennent là. L'un est sans doute d'ordre pratique ; c'est ce que nous appelons de la realpolitik. Les Américains ont estimé qu'ils avaient intérêt à instaurer un équilibre entre les puissances pour empêcher une nation européenne de dominer l'Europe après la guerre. Une manière d'y arriver était de s'assurer que l'Allemagne pût tenir en échec non seulement la France, mais aussi l'Angleterre. Je crois que les Américains ont mis en place ce jeu d'équilibre du pouvoir à travers une série d'initiatives politiques réalistes. L'autre facteur, c'est le sentiment que nous avions d'entretenir avec l'Allemagne une relation fraternelle assez différente de notre relation historique avec la France. Culturellement, l'Allemagne est un pays protestant. Cela valait surtout dans la première partie du XXe siècle quand les Etats-Unis se considéraient comme un pays protestant. Il y a donc ce facteur. Mais l'Allemagne est aussi un pays d'Europe du Nord, et les Etats-Unis, à cette époque, se voyaient comme un pays nordique. Je crois qu'il existait donc entre l'Allemagne et les Etats-Unis, au début du XXe siècle, une affection fraternelle qui a duré jusqu'à l'entrée des Etats-Unis dans la Seconde Guerre mondiale, en fait jusqu'à ce qu'en 1941 nous acceptions de voir en face la menace que représentait l'Allemagne. Mais la relation s'est renouée tout de suite après la guerre. Il est intéressant d'observer la différence entre les traitements réservés à l'Allemagne et au Japon après la guerre. Avec le plan Marshall, par exemple, nous avons finalement permis à l'Allemagne de se réarmer, tandis que nous l'interdisions aux Japonais. Le contrôle exercé sur le Japon après la Seconde Guerre mondiale était tout autre que celui qui était imposé à l'Allemagne. Mais il me semble que c'est parce que notre identification avec l'Allemagne a persisté et qu'elle a été bien plus forte que notre identification avec la France.

Dans la mythologie américaine, la France est perçue comme féminine et l'Allemagne comme masculine. Et les Américains voient leur pays comme masculin. De plus, tandis que les Français parlent de "mère patrie", les Allemands parlent du *Vaterland*, du pays père, et les Américains disent encore autre chose quand ils désignent les Etats-Unis par *homeland*, c'est-à-dire une sorte de "chez nous". Il y a une distinction intéressante entre les trois. De toute façon, je crois que c'est pour ce mélange de raisons – en partie issues de la realpolitik et en partie issues de la mythologie –, et que ces raisons se sont retrouvées là après la guerre. Elles continuent encore à jouer.

La diplomatie américaine a-t-elle des difficultés à collaborer avec les organisations internationales ?

Vous posez là une question que j'ai un peu de mal à appréhender : les Etats-Unis éprouvent-ils des difficultés à accepter un partenariat avec les organisations internationales ? A propos de la Société des Nations et plus tard de l'Organisation des Nations unies ? Oui, c'est certain. Pour les Etats-Unis, accepter d'être membre d'une organisation internationale à parité ou à égalité avec d'autres pays pose un éternel problème. C'est en partie à cause d'un nationalisme exacerbé, parce que nous croyons qu'aucune priorité n'est plus élevée que les nôtres. Mais c'est aussi en partie parce que nous avons le sentiment historique de constituer une entité distincte, séparée de l'Europe et du reste du monde dont les conflits nous apparaissent comme des querelles de clocher dans lesquelles nous n'avons pas envie de nous laisser entraîner. D'un côté, il y a donc ce sentiment d'être spéciaux, d'être à part, et par ailleurs le désir de ne pas être impliqués dans des querelles qui nous semblent être uniquement l'affaire des Européens, des Africains ou des Asiatiques.

Mais – et c'est encore plus important – je crois que nous ne voulons pas que ce que nous considérons comme notre destin national puisse être affecté, modelé ou déterminé en quoi que ce soit par d'autres nations – par une nation quelle qu'elle soit ou par un rassemblement de nations quel qu'il soit. Quand on a le sens de son destin national, on éprouve quelque chose de l'ordre d'une mission religieuse, on suit un enchaînement ordonné par Dieu ou un récit qui n'admet pas de révision. Il n'est alors pas question de laisser qui que ce soit interférer.

Pour comprendre ce sentiment que Dieu est tapi – ou debout ou assis – derrière chaque acte politique et social, il faut remonter au XVIIIᵉ siècle, sinon plus loin, jusqu'aux colonies fondatrices de Nouvelle-Angleterre. Je crois que c'est un élément – et un élément de taille – derrière la méfiance et les objections américaines à l'égard d'organisations internationales telles que la SDN ou l'ONU. Cette méfiance et ces objections sont davantage le fait de la droite religieuse que de la gauche laïque ; elles viennent de l'Amérique rurale, du Sud et du Midwest plus que de l'Est, du Nord-Est et de Californie, car ce sont là les régions les plus religieuses et, de leur point de vue, les organisations internationales dégagent des relents antireligieux.

Je suppose qu'il est possible de dire que la diplomatie américaine, juste après la Première Guerre mondiale, a une responsabilité dans l'émergence du conflit mondial suivant, la montée du nazisme et l'inévitabilité de la Seconde Guerre mondiale. Mais il est trop facile pour nous qui sommes assis ici de nous projeter cinquante ou soixante-quinze ans en arrière et de déclarer qu'on aurait dû savoir. C'est un jeu un peu minable et je préfère m'en abstenir. Comme je l'ai dit, Wilson et les autres ont suivi ce chemin-là pour un ensemble de raisons. La plupart de ces raisons étaient pratiques, mais d'autres étaient psychologiques et certaines tenaient à l'image – à la manière dont ils percevaient les autres et à la manière dont ils se percevaient. C'est toujours ce même mélange qui motive les actions politiques. Elles proviennent d'un mélange de raisons, jamais d'une seule.

Ce qui vaut pour les individus vaut également pour les nations. Nous ne faisons jamais rien pour une seule raison. En tant qu'individus, nous sommes rarement conscients de la plupart des motivations qui sous-tendent notre comportement. C'est la même chose pour les nations.

VII

L'ENTRE-DEUX-GUERRES

LE COMBAT DE LA LUMIÈRE
CONTRE LES TÉNÈBRES

(ANNÉES 1920 ET 1930)

Durant les années 1920, alors que la France et l'Allemagne sortent à peine des ruines de la guerre, le libéralisme économique développe la puissance américaine, la Bourse triomphe. Cela transforme-t-il les valeurs et les relations sociales ? Quels sont les effets de la crise de 1929 ?

Vous me posez une question sur le libéralisme économique qui a prévalu aux Etats-Unis pendant les années 1920 et sur ces fortunes qui se sont si vite constituées. Mais quand vous évoquez le libéralisme économique, je pense que vous voulez parler de "laisser-faire économique". Dans ce sens, votre observation est juste. Sous les gouvernements de Harding, de Coolidge et de Hoover, on estimait que ce qui était bon pour le monde des affaires était bon pour l'Amérique. Purement et simplement, et sans état d'âme. Ces gouvernements-là travaillaient main dans la main avec le monde des affaires américain.

Cette période a vu l'enrichissement sans frein de toute une classe de gens. Il s'agissait pourtant d'une bulle financière, et elle a éclaté lors du krach de 1929. Toutes ces fortunes fondées sur la spéculation ont disparu du jour au lendemain, et tous ceux dont l'emploi et les ressources dépendaient de l'expansion continue de la bulle se sont retrouvés sans travail. On a exigé le paiement des hypothèques, le remboursement des emprunts. Or on se trouvait dans une société qui marchait à la dette, à l'inflation et à la spéculation. Le tout s'est écroulé avec fracas, ce qui a provoqué d'immenses souffrances. Les images de suicides d'agents de change de Wall Street – on voit des investisseurs et des présidents de corporations se jeter dans la rue du haut de gratte-ciels – sont sans doute très saisissantes, mais elles ne décrivent pas la douleur, les souffrances et les pertes d'une classe d'Américains bien plus nombreuse, principalement la classe ouvrière.

Les usines fermaient, mais les banques exigeaient le paiement des emprunts et les exploitations familiales ont changé de mains. On commence à voir des images de cette transition dans les films de la fin des années 1930. J'ai déjà indiqué qu'avec Roosevelt, dans les années 1930, un changement spectaculaire avait eu lieu dans les valeurs et l'idéologie politique. Pour la première fois, une majorité d'Américains se sont mis à estimer que l'Etat avait la responsabilité de s'occuper des pauvres, des malades et des personnes âgées – c'est-à-dire de ceux qui ne pouvaient pas s'occuper d'eux-mêmes –, et cela parce que le nombre de ces personnes incapables de pourvoir à leurs propres besoins était immense et qu'on ne pouvait pas trouver d'aide ailleurs. Cette période qui va de 1932 à la Seconde Guerre mondiale a vu un changement de valeurs spectaculaire et de grande portée historique.

*Quels en sont les effets sur les classes moyennes ?
Comment vivent-elles cette période de "capitalisme
triomphant" ?*

Dans les années 1920, il y a eu un moment où les
Américains croyaient que tout le monde pourrait
avoir sa part de gâteau, qu'en somme le gâteau
allait croître indéfiniment, de sorte que chacun,
homme, femme, ouvrier, pourrait en avoir un bout.
Je ne pense pas que le système financier en vigueur
aujourd'hui ait émergé entièrement constitué dans
les années 1920. Je crois qu'il est apparu beaucoup
plus tôt, avec la Banque nationale des années 1820
sous la présidence d'Andrew Jackson, et qu'il est resté
pratiquement inchangé durant tout le XIXe siècle
jusqu'au XXe.

Nous avons toujours eu une économie en dents
de scie. Des périodes de fort développement ont
été suivies par des dépressions à peu près tous les
trente ans, et cela dès le XIXe siècle. C'est en grande
partie dû au fait que notre économie capitaliste repose
sur la spéculation et l'emprunt, sur une anticipation
optimiste de profits, de croissance et d'expansion.
Tel est le genre de capitalisme qui s'est développé
ici : une économie spéculative, sans frein, à peine
soumise à quelques règles. Ce qui s'est passé dans
les années 1920, c'est que cette course a pris une
telle ampleur que le système ne pouvait plus reprendre souffle et s'est effondré. Il existe à présent quelques règles et directives mises en place dans les
années 1930, et elles sont censées maintenir la croissance de la spéculation dans certaines limites.

Du moins, c'est ce qu'on prétend. Mais on se demande si c'est vrai, si une dépression de ce genre,

un krach de ce type, ne pourrait pas se reproduire. Je ne suis pas sûr que ce soit vrai, surtout aujourd'hui où une si grande part de notre économie repose sur des fonds qui ont été prêtés aux Etats-Unis par des Chinois et par des investisseurs européens. En tant que nation, nous portons une dette absolument énorme, et si jamais quelqu'un commence à demander le remboursement, par exemple si le monde se met à utiliser des euros pour les échanges pétroliers à la place des dollars, si l'on se sert de pétro-euros au lieu de pétrodollars, la dette américaine vis-à-vis de l'étranger devra être remboursée, et il est bien possible que l'économie s'effondre de nouveau.

Le risque de krach est donc toujours là, me semble-t-il. Mais il l'est depuis le début. Nous avons une structure économique en dents de scie. Vous pouvez le remarquer à un niveau moindre pendant toute la décennie 1980 : la forte croissance des années 1980 est suivie par un creux dans les années 1990, celles de Bush père. L'économie repart sous Clinton et retombe pendant le mandat de Bush fils. C'est le genre d'économie que nous a léguée le XIXe siècle, et je ne crois donc pas qu'elle soit apparue dans les années 1920 comme vous le suggérez. Dans les années 1930, on a pris quelque peu conscience de sa fragilité, des dangers de ce cycle en dents de scie, et le gouvernement Roosevelt en a perçu les conséquences à tous les niveaux, surtout pour les pauvres et la classe moyenne, ceux qui étaient le plus vulnérables. Cette prise de conscience a modifié nos valeurs sociales, notre façon d'envisager les structures politiques et étatiques ainsi que leurs responsabilités.

Que devient alors le "rêve américain" ? Comment expliquer la naissance, à cette époque, du "film noir" et la création d'un nouveau modèle héroïque, le gangster ?

C'est une question intéressante : en quoi cela a-t-il affecté le rêve américain ? De fait, il existe une période de confusion dans les années 1930 à propos de ce rêve. En effet, il ne semble dès lors plus possible qu'un homme ou une femme devienne riche, passe de la classe ouvrière à la classe moyenne et poursuive une ascension qui, dans le meilleur des cas, apparaît pour la première fois comme une éventualité très faible. Le cinéma le montre à sa façon : des gangsters font figure de héros, on a des portraits sympathiques de bandits joués par des acteurs tels que Bogart, Cagney, Edward G. Robinson et d'autres. On aurait du mal à imaginer ce genre de héros, de figures, dans des films datant d'avant la Grande Dépression. Dans les années 1920 ou avant, on ne trouve pas de personnages à la Robin des Bois qui dévalisent les riches pour aider les pauvres. Les premiers héros du cinéma n'étaient pas ce genre de hors-la-loi. Mais dans les années 1930 on a des pirates romantiques éblouissants, comme celui que joue Errol Flynn dans *Capitaine Blood*. On voit de véritables gangsters, des tueurs, des durs qui montrent les dents. Des personnages antisociaux. De vrais méchants. Mais dépeints avec sympathie. Et, pour la première fois, ils sont au centre de films américains, mais aussi au centre de romans. Les films noirs sont très proches des romans noirs qu'écrivaient à cette époque Dashiell Hammett et Mickey Spillane. Il serait intéressant de considérer qu'ils ont été produits en réaction au décès ou à l'affaiblissement du rêve américain.

On a donc deux sortes de réponse à l'amoindrissement du rêve. D'abord il y a le hors-la-loi dépeint avec sympathie – et d'authentiques hors-la-loi ont été considérés par la presse dans tout le pays comme des personnages héroïques, notamment le braqueur de banques Willy Sutton, ou John Dillinger, ou encore Bonnie et Clyde Barrow. Des tueurs et des voleurs considérés comme des figures héroïques – ce que les films reflètent évidemment. Ensuite, il y a la réponse de la gauche face à l'affaiblissement du rêve. Pour la première fois aux Etats-Unis, des intellectuels, des peintres importants, des cinéastes, des romanciers et d'autres se mettent à flirter plus que de façon épisodique avec le marxisme et la gauche radicale. Pour la première fois, surtout chez les intellectuels, le capitalisme apparaît comme un système condamné. Désormais, être politiquement engagé, pour un artiste ou un intellectuel, n'est plus ringard. Des écrivains tels que John Dos Passos ou des films tels que *Les Raisins de la colère* représentent cette autre réaction au chaos économique et à la souffrance engendrés par la Grande Dépression.

Il me semble qu'il s'agit, pour un même phénomène historique, de deux réactions égales mais opposées. D'un côté le film noir, le gangster-vedette, le personnage antisocial, le hors-la-loi en héros. De l'autre, l'ouvrier, le pauvre et l'humilié en héros. Ce sont des réactions très intéressantes au même phénomène, et elles se rejoignent.

Dans le film noir, le développement narratif, le décor et le plateau nous montrent la noirceur littérale sur laquelle se projette le film : c'est la ville vue comme un environnement sombre et menaçant. Rien d'optimiste dans cette imagerie-là. Et, je l'ai déjà mentionné, au centre de l'histoire se tient le gangster, figure violente et antisociale érigée en héros. Il y a même le détective moralement corrompu. Rappelez-vous Bogart, le détective corrompu du *Faucon maltais*, et des douzaines d'autres films semblables. Ces personnages ne sont pas sûrs de la moralité de leurs actes, pas très clairs et peu ou prou compromis. Les années 1930 ont été une période où les certitudes morales – et d'ailleurs toutes les certitudes – étaient menacées. Le film noir, à certains égards, reflétait cette menace.

En règle générale, avant ce moment de l'histoire des Etats-Unis, je crois que les Américains se sentaient toujours à l'orée d'un avenir superbe et radieux. Mais avec la Grande Dépression est survenue une désillusion soudaine : pas seulement une déception, mais une profonde remise en question du système de croyances fondamental. Sous certains aspects, Franklin Roosevelt était le président idéal pour ce moment parce qu'il pouvait redonner force à la vieille vision de "la ville sur les hauteurs", d'une nation se tenant au début d'une histoire magnifique et non à son terme. Il a pu, à mon avis, empêcher beaucoup de désarroi et de désespoir.

Néanmoins, nous voyons ce désarroi et ce désespoir représentés dans les œuvres du genre noir, et ce, de manière extraordinaire. Comme presque toujours dans le cas de réactions égales et opposées, la dépression économique produit d'un côté le film noir et, à gauche, le travailleur héroïque. Pour la première fois, le personnage de l'ouvrier héroïque apparaît dans le cinéma américain, dans les œuvres de fiction et dans la vie intellectuelle. C'est là un point de vue néo-marxiste, voire carrément marxiste, sur le travailleur : on l'idéalise. C'est la seule fois dans l'histoire des Etats-Unis, depuis l'origine jusqu'à nos jours, où des intellectuels et des artistes américains, des romanciers et des cinéastes se sont sérieusement impliqués dans des idées et une vision marxistes de l'histoire. Jamais, même dans les années 1960, ils ne sont allés aussi loin. Il y a bien eu quelques intellectuels comme Marcuse qui ont joué un rôle important à gauche dans les années 1960, mais, en général, les intellectuels n'étaient pas à gauche. L'opposition au statu quo se limitait à des combats ciblés, contre la guerre du Viêtnam, par exemple, ou contre la ségrégation raciale. Mais dans les années 1930 les intellectuels de toutes les disciplines, les artistes, les cinéastes et les universitaires avaient en général une perspective marxiste. Il s'agit là d'une anomalie extraordinaire dans l'histoire de la pensée américaine, de ses arts et de sa politique.

Quand on a subi une désillusion aussi forte que celle du peuple américain dans les années 1930, on peut verser dans une sorte de cynisme. Il y a, disons, une équivalence entre, d'un côté, le crime organisé et, de l'autre, la politique, les politiciens et les grands hommes d'affaires. Il n'est pas nécessaire, à cet égard, d'opérer une distinction bien nette entre la moralité de la mafia et celle du parti républicain ou même du parti démocrate. L'idéalisme a subi un sérieux revers à cette époque.

Il existe aussi, dans cette même période, un autre genre de film dont nous n'avons pas parlé et qui n'a d'autre objet que de fuir la réalité : les comédies musicales, ces films aux chorégraphies incroyables et qui, pour l'essentiel, mettent en scène des fantasmes sur la richesse, les paillettes et le pouvoir. C'est une autre réaction au même problème. Les gens peuvent dire : "Tout va si mal que je vais aller au cinéma et fuir dans un monde de rêves où j'aurai l'impression de prendre de l'opium par les yeux, pour ainsi dire." Et c'est bien alors qu'apparaissent pour la première fois ces comédies musicales avec leurs élégantes chorégraphies. Absolument spectaculaires ! Des milliers de pianos sur des scènes tournantes où descendent des danseurs. J'adore les regarder, mais c'est de la pure évasion onirique. Je les adore, mais c'est comme prendre de la drogue ; ce sont des trips au LSD en noir et blanc.

VIII

LA SECONDE
GUERRE MONDIALE

Comment expliquer à nouveau l'aveuglement des Américains devant la montée du nazisme et les menaces de plus en plus précises d'un nouveau conflit ?

Passons donc à la Seconde Guerre mondiale. L'exercice est plus délicat. Ce que je veux dire, c'est que, vus sous cet angle, tous ces sujets sont compliqués.

Vous vous interrogez sur l'indifférence américaine envers la montée du nazisme à cette époque, à la fin des années 1930 et jusqu'en 1941. Il nous faut revenir à la vision américaine de l'Allemagne que j'ai déjà mentionnée. Si nous remontons à la fin du XIXe siècle, nous voyons que l'Allemagne était considérée comme le pays naturellement frère des Etats-Unis tandis que la France, me semble-t-il, apparaissait plutôt comme un cousin. L'Angleterre passait pour un frère très proche, disons un faux jumeau. Je pense que c'est parce que l'Allemagne était un pays protestant. Un pays nordique, anglo-saxon, avec toutes les petites connotations racistes associées.

La France, au contraire, était vue comme méditerranéenne, catholique, latine, et donc très différente des Etats-Unis. J'ai l'impression que ce qui se passait en Allemagne nous effrayait moins que si ça s'était produit ailleurs – parce que nous faisions un peu plus confiance à l'Allemagne. Et puis il y avait la distance physique qui nous éloignait du problème auquel les pays européens étaient confrontés.

Revenons donc en arrière. Nous ne traitons pas ici d'histoire mais d'imaginaire : de la manière dont les Américains se représentaient les Européens, de la manière dont ils distinguaient, dans ce processus, les Français des Allemands, les Anglais des Irlandais, les Espagnols des Italiens et ainsi de suite. Nous opérons des distinctions, mais elles ne reposent pas sur quelque chose de très réel. Elles reposent sur une mythologie, sur la manière dont nous nous sommes imaginés et dont nous avons imaginé d'autres pays au fil des générations, ainsi que sur notre petite expérience de diverses autres nations. Il passe plus de choses entre nous et les Anglais qu'entre nous et les autres Européens, ne serait-ce qu'en raison d'une langue commune. Les rapports sont plus familiers, plus aisés, entre deux nations qui ont la même langue ou la même religion. Jusqu'à ces dernières années, nous avions l'impression de partager avec l'Angleterre à la fois la langue et le protestantisme – mais pas avec l'Irlande –, tandis que nous partagions avec l'Allemagne une même religion protestante. Et si la langue et la religion étaient des éléments qui ont compté dans nos rapports avec l'Europe de la fin des années 1930, la race a également joué. Comme nous nous imaginons être une nation blanche – bien que nous n'en soyons pas une et ne l'ayons jamais été, nous nous sommes toujours imaginés l'être –, nous sommes plus à l'aise dans nos rapports avec les pays anglo-saxons qu'avec les autres, y compris avec ceux qui sont théoriquement blancs. Il s'agit là de superstitions, de préjugés et de stéréotypes, mais c'est ainsi que fonctionne l'imaginaire humain. C'est de cela qu'il se nourrit : de superstitions, de préjugés, de stéréotypes. Autrement dit, de mythologies. C'est ainsi qu'il fonctionne. Et les films que nous voyons, les romans que nous lisons, en sont le reflet.

Pourquoi à nouveau l'Amérique tarde-t-elle autant à intervenir ? N'aurait-elle pas pu agir plus tôt et éviter ce nouveau conflit en Europe ? Qu'est-ce qui a finalement convaincu l'Amérique d'intervenir ?

C'est une intéressante question sur l'intervention américaine et notre engagement dans les hostilités en Europe. La guerre en Asie, au Japon, a vraiment été provoquée par l'attaque contre Pearl Harbor. Cette agression a été perçue de la même façon que le 11 septembre 2001 : elle a suscité un cri de ralliement justifiant une contre-attaque totale contre le Japon. La guerre contre l'Allemagne est le résultat d'une chaîne d'événements un peu différents, et il me semble que si les Etats-Unis ont mis du temps à intervenir, c'est pour plusieurs raisons. Comme je viens de le dire, il était assez facile de rationaliser et de justifier le comportement de l'Allemagne dans les années 1930, y compris la montée du nazisme. Un grand nombre d'Américains étaient très favorables au nazisme. L'an dernier, Philip Roth a fait paraître un roman à succès où il rappelle le fait historique suivant : il y avait tellement d'Américains pro-nazis dans les années 1930 que nous aurions pu élire un de ces pro-nazis à la présidence si Charles Lindbergh s'était présenté. Il ne s'agissait pas là de Germano-Américains qui venaient juste d'immigrer pour réaliser leur rêve américain et ce genre de chose. Non, nous parlons de Charles Lindbergh, de Henry Ford, de William Randolph Hearst, de Joseph Kennedy, c'est-à-dire d'Américains très influents suivis par un grand nombre de gens. Et il n'est pas nécessaire de chercher très loin de chez soi pour en trouver. Mes parents appartenaient à cette génération-là, et je dirais que mes parents, qui étaient des gens tout à fait respectables et qui travaillaient dur mais n'étaient pas politiquement très avertis ni très instruits, ne voyaient rien de particulièrement mauvais dans la montée du nazisme, rien de menaçant. C'étaient juste des électeurs américains moyens – des travailleurs, chrétiens, écossais et irlandais, pas allemands –, des représentants typiques de cette génération à bien des égards. Tout cela a rendu très difficile l'entrée en guerre des Etats-Unis contre l'Allemagne ; ils ne se sentaient pas directement et personnellement menacés comme ils l'étaient par le Japon.

Pourquoi Hollywood s'est-il engagé pour alerter l'opinion ? Est-ce que ça a été efficace ? En tournant Le Dictateur *dès 1939, Chaplin a-t-il montré l'exemple ?*

Pour ce qui concerne le rôle d'Hollywood, contrairement à ce que pensent beaucoup de gens aujourd'hui, les réalisateurs et les acteurs ont mis beaucoup de temps avant de soutenir l'effort de guerre. Ils avaient envie de poursuivre leurs activités comme

d'habitude. En quoi cette affaire nous concerne-t-elle ?
Et ça se passe loin, là-bas, en Europe. La géographie a joué. Je n'ai pas beaucoup d'informations de
première main à ce sujet, mais d'après ce que j'ai
lu l'industrie du cinéma, au début des années 1940,
n'a réagi que lentement au conflit. C'est seulement
pendant les dernières années de guerre qu'elle
s'est engagée à soutenir le combat. Et cela en grande
partie parce que le gouvernement fédéral de Washington l'y a poussée en se rendant dans les studios et en disant : Vous devez contribuer à l'effort
de guerre ; vous devez réaliser un film qui inspirera le patriotisme et diabolisera les Allemands et
les Japonais, et ainsi de suite. A partir de 1943, disons,
certains films ont fait appel à des héros réels, par
exemple à Audie Murphy qui avait été décorée de
la médaille d'honneur. *Sergent York* et d'autres films
du même genre ont pris de véritables héros pour
en faire des héros de cinéma.

Je crois que le film de Chaplin, *Le Dictateur*, est
un cas particulier. N'oubliez pas que Chaplin n'était
pas américain. Il était anglais. C'était aussi un homme
de gauche, ce qui lui a valu une grande impopularité. Plus tard, *Le Dictateur* est devenu un classique,
mais il n'a jamais connu le succès populaire. En
fait, à l'époque, on considérait qu'il signait la fin de
la carrière de Chaplin. Il ne jouait plus le clochard,
or c'était en clochard qu'on l'aimait, pas en réalisateur du *Dictateur*.

Oui, c'était courageux, surtout parce que ce n'était
pas pour satisfaire l'opinion populaire. Avoir recours
au média le plus populaire sans s'assurer du soutien du public est toujours une chose difficile qui
demande du courage et qui souvent détruit votre

carrière. C'est d'ailleurs peu de temps après ce film que Chaplin s'est installé à l'étranger. Dans un sens, on l'a chassé de la maison. Mais son film a constitué une exception à la règle.

Le nationalisme américain est-il sorti renforcé de son engagement ? Les films qui poussent les Américains à entrer en guerre parlent du "monde libre opposé au monde des esclaves" et de l'Amérique comme de "la dernière lumière qui brille encore dans les ténèbres". La conscience américaine est-elle en fin de compte profondément messianique ?

L'engagement des Américains dans la guerre au côté des Alliés a-t-il renforcé l'unité nationale ? Oui, il n'y a aucun doute là-dessus. La guerre a toujours cet effet, elle renforce l'identité et la fierté nationales. C'est tribal, au fond. Elle affirme l'identité de la tribu, et cela a évidemment été le cas au cours de la Seconde Guerre mondiale. L'identité américaine s'est affirmée très puissamment, et elle a été unificatrice, d'autant plus qu'on était au sortir de la Grande Dépression, période où l'unité n'avait pas été très forte.

On a tiré de l'issue de la guerre une grande fierté. Les Américains se sont considérés comme les sauveurs de l'Europe, et jusqu'à un certain point ils n'avaient pas tort. Si les Américains n'étaient pas intervenus en 1941, l'Europe aurait été perdue, elle serait tombée aux mains des nazis. L'histoire moderne de l'Europe aurait été très différente. Bien des raisons ont donc sous-tendu ce renforcement de l'identité nationale pendant et après la guerre. C'est alors qu'entre en jeu la conception de l'Amérique comme "unique lumière brillant sur le monde". Nous arrivons pour sauver d'elle-même cette pauvre Europe plongée dans les ténèbres ! A la rescousse ! C'est ainsi que les Américains se sont perçus pendant ces années-là et les suivantes.

Dans l'imaginaire américain, le monde était divisé entre les peuples libres, c'est-à-dire les Américains, et ceux qui étaient asservis par des dictateurs, à savoir les Européens. Nous aurions pu regarder tout près de nous pour découvrir que nos voisins les plus proches et bien d'autres peuples étaient tout aussi libres que nous, mais nous avions tendance à ne voir que nous, sur nos hauteurs, avec notre lumière qui brillait de tout son éclat dans la nuit.

Ce genre de division binaire du monde entre peuples libres et esclaves, qui apparaît pendant la Seconde Guerre mondiale, a un tel pouvoir de séduction qu'elle va perdurer pendant la guerre froide. La guerre froide ne fait que reprendre le flambeau de la Seconde Guerre mondiale. Cette image des peuples libres et des esclaves, de ceux qui vivent dans la lumière et de ceux qui vivent dans les ténèbres, va très facilement s'étendre à partir de 1945 et se prolonger durant toute la guerre froide. C'est une dichotomie plutôt commode.

Vous me demandez si tout au fond de la conscience américaine gît une vocation de missionnaire. Je ne le crois pas. Certes, de temps à autre ressurgit cette envie de partir en guerre pour sauver le monde de lui-même. On le voit bien aujourd'hui dans la manière dont George Bush justifie la guerre en Irak et dans sa politique, surtout vis-à-vis du Moyen-Orient. Elle ressurgit donc de temps à autre, mais pas avec la même facilité ni la même intensité que chez les puissances coloniales des XIXᵉ et XXᵉ siècles. Le zèle missionnaire visant à sauver d'eux-mêmes ces pauvres ignorants plongés dans les ténèbres n'est pas une réponse constante des Etats-Unis aux problèmes du monde. La plupart du temps, nous nous sentons très bien dans notre isolement. Cette position de repli est naturelle aux Américains.

La période que nous traversons actuellement, en particulier avec les affaires de l'Irak et du Moyen-Orient, est une aberration. Elle ne représente nullement une conception américaine typique de la relation que nous devrions entretenir avec le reste du monde. Il est vrai que nous sommes très impliqués dans d'autres parties du monde, et que nous l'avons beaucoup été par le passé. Nous avons exploité des pays et des peuples tout autant que les autres puissances coloniales en Asie, en Afrique et en Amérique du Sud. Mais dans l'imaginaire américain nous ne faisons cela que pour ne pas abandonner ces gens à leurs épouvantables difficultés. Il y a donc une contradiction entre, d'une part, la réalité du XIXᵉ siècle – c'est-à-dire la nature de notre implication d'abord au Mexique, dans les Caraïbes, au Liberia ou en Afrique de l'Ouest, puis, dès les premières années du XXᵉ siècle, dans les Philippines et en Asie – et, d'autre part, la phraséologie et les images que nous employons pour décrire cette implication. Une grande part de violence, aux Etats-Unis, provient de la contradiction qui existe entre la réalité de nos vies et la perception de ce que nous vivons, c'est-à-dire comment nous nous imaginons. Cette contradiction remonte aux premiers colons de Nouvelle-Angleterre, de Virginie et des deux Caroline, qui, au fond perpétraient une sorte de génocide contre les indigènes tout en prétendant les sauver pour la civilisation, le christianisme et le capitalisme. En réalité, ils les massacraient et volaient leur terre.

Il existait donc une énorme contradiction entre ce qu'ils pensaient faire, ce qu'ils déclaraient faire, et ce qu'ils faisaient en réalité. C'est le genre de contradiction qui, chez tout être humain et chez quelque peuple que ce soit, provoque une violence aussi explosive que prévisible. William Carlos Williams, le poète américain, a dit que l'authentique Américain était, au fond de lui, un tueur. C'est de cela qu'il parlait, du clivage entre la réalité et la manière de se percevoir.

IX
"SUIVEZ L'ARGENT"
LA FIN DU MYTHE DE L'INNOCENT GÉNIAL ET L'AVÈNEMENT DE COCA-COLA
(1945-1965)

Après la guerre, qu'est-ce qui pousse les Américains à aider l'Europe à se reconstruire et se moderniser ? La situation est-elle différente de 1919 ? Quels sont les objectifs du plan Marshall ?

Le plan Marshall et la politique générale des Etats-Unis à l'égard de l'Europe, après la guerre, ont été modelés à un degré extrême par la guerre froide, par la peur de voir les Soviétiques étendre leur influence dans le monde. La grande préoccupation, à la fin des années 1940 et au début des années 1950, portait nettement sur l'Europe, puis l'attention s'est tournée vers le reste du monde. C'était une obsession. L'époque de McCarthy aux Etats-Unis. Pendant cette période, la paranoïa et la crainte de l'expansion soviétique ont été les moteurs de presque toute notre politique étrangère. Cette paranoïa avait également à voir avec les films et les romans, la manière dont nous nous racontions nos histoires à ce moment-là. Le plan Marshall n'était en tout cas pas aussi idéaliste qu'on le laissait paraître ou qu'on le faisait croire au peuple américain amené à en assumer les frais. Car le plan Marshall a été payé par les contribuables, tout comme le gigantesque renforcement de l'armée et son entretien après la Seconde Guerre mondiale – un militarisme à grande échelle qui s'est poursuivi dans les années 1950 et au-delà. Pour justifier les dépenses nécessaires, il fallait faire peur aux gens, et le seul moyen qu'on avait sous la main, c'était la menace communiste. Puisque, au cours de la Seconde Guerre mondiale, on avait commodément divisé le monde entre les peuples libres et ceux qui vivaient dans la servitude, on n'avait pas eu beaucoup de mal à poursuivre cette division pendant la décennie suivante. Le front s'est déplacé pour s'établir en Europe de l'Est, au Congo, en Asie du Sud-Est et en Israël. La planète est devenue à moitié obscure et à moitié éclairée.

Les échanges culturels entre l'Europe et l'Amérique changent-ils après la guerre ? Que provoque l'arrivée en Europe de formes culturelles nouvelles venues d'Amérique ? Comment expliquer le transfert du leadership culturel mondial de Paris à New York ?

Vous posez là une question sur un transfert : comment New York est devenue la capitale culturelle, surtout pour la musique et les arts plastiques, à la place de Paris. Le jazz américain est devenu international, les films hollywoodiens se sont imposés dans le cinéma populaire. Et la peinture américaine, l'école de New York, a supplanté celle de Paris. Pourquoi ? C'est une question que bien des Américains se sont posée. Il me semble qu'elle est avant tout d'ordre financier. Pour la première fois, l'argent pour acheter ces toiles se trouvait à New York ; les fonds pour financer ces films étaient disponibles aux Etats-Unis. Et pas en Europe de l'Ouest. Le moteur économique américain fonctionnait à plein régime, et je crois que c'est ce qui a rendu possible, dans les années 1950, ce déplacement du centre de la culture moderne vers New York et Los Angeles aux dépens de Paris et de Londres. Dans la série "Suivez l'argent", comme on dit.

Cela n'a pas tenu. De nouveaux défis n'ont cessé d'être lancés contre cette domination, et pour la plupart ils avaient une base économique. Dans les années 1960, la France s'est trouvée en position de pouvoir financer et distribuer des films ; et il y avait alors en France des réalisateurs capables de rivaliser avec le cinéma d'Hollywood. Mais, très vite, les nouveaux réalisateurs américains – Scorsese, Coppola et tout ce groupe de jeunes Turcs – ont tiré les enseignements de la nouvelle vague française, absorbé son influence, et ils l'ont supplantée. Il y a eu là un beau va-et-vient pendant plusieurs années. Mais ce mouvement a presque toujours été conditionné par des facteurs financiers. Pendant une brève période, l'Allemagne est devenue la plaque tournante des arts plastiques, et ce, parce qu'elle pouvait acheter et loger les superbes tableaux des années 1970 et 1980. Mais aujourd'hui les Américains achètent de nouveau ces toiles. Il existe des liens directs et inévitables entre l'économie et la culture, surtout quand il s'agit d'œuvres coûteuses à produire – les films, les concerts gratuits, le théâtre – ou chères à l'achat, comme les peintures et les sculptures.

Je ne crois pas que cela reflète nécessairement la qualité de l'œuvre. On a plutôt là une image du prestige de la culture elle-même. Après la Seconde Guerre mondiale et jusque dans les années 1950, les valeurs et les institutions américaines avaient, en Europe, beaucoup de prestige. En réalité, c'est seulement avec la guerre du Viêtnam – fin des années 1960, début des années 1970 –, que les Européens se sont mis à douter sérieusement des valeurs américaines. Nous avons eu le bonheur, dans les années 1950 et 1960, d'être admirés par les Européens. Et puis il me semble qu'à la fin des années 1960 et au début des années 1970, à cause du Viêtnam et du racisme que les Européens voyaient perdurer dans notre pays, nous avons commencé à paraître un petit peu moins bénis des dieux. Un changement s'est alors produit en Europe : le prestige des cinéastes et des peintres américains a chuté. Les Etats-Unis ont semblé plus menaçants. C'est alors que les Français ont décidé de protéger leur industrie cinématographique de l'invasion des films américains dans lesquels ils percevaient un danger économique et culturel. Ils ont donc voulu mettre une barrière à l'expansion de la culture et des biens de consommation américains en général, se soustraire à la domination économique américaine. Mais, entre 1950 et le début des années 1970, les Etats-Unis jouissaient d'une bonne image en Europe.

Le pouvoir économique exercé par les Américains, leur domination culturelle et financière ajoutée à ce que les Européens, me semble-t-il, percevaient comme de la stupidité politique et une fixation névrotique sur la menace communiste, tout cela a pris un aspect menaçant aux yeux des Européens. Particulièrement au cours des années 1970 et 1980, ils ont commencé à remarquer nos défauts. Ils ont relevé le racisme, pas seulement dans le Sud mais dans tout le pays. Ils ont observé la pauvreté aux Etats-Unis, dans les Appalaches mais aussi à l'intérieur des villes. New York, Detroit, Philadelphie et d'autres endroits ont été le théâtre d'explosions. Il y a eu les assassinats de Kennedy, de Martin Luther King, de Malcolm X. Toute une série d'événements, à la fin des années 1960 et dans les années 1970, ont fini par altérer de façon considérable la perception que les Européens avaient des Etats-Unis. Le pays qui avait semblé être l'enfant béni des dieux commençait à prendre une autre allure. Celle d'une brute sans retenue, violente, coléreuse, aux vues courtes. Ce n'était plus seulement un innocent génial.

Dans le film de Billy Wilder Un, deux, trois, *Coca-Cola est-il le symbole d'une nouvelle forme d'échanges à la fois économiques et culturels ? Est-ce une image du début de la mondialisation ?*

Cette bouteille de Coca-Cola est une métaphore superbe de l'apothéose du rêve américain. Quel rêve ! De pouvoir fabriquer quelque chose et le vendre partout. Partout sur cette planète, tout le monde veut absolument en avoir. Enfin, l'Amérique conquiert le monde simplement en vendant des produits matériels.

Tel était bien le rêve de Henry Ford, n'est-ce pas ? Si l'on remonte au modèle "T" et au modèle "A", aux premières réalisations de la chaîne de montage, son rêve était bien de fabriquer des voitures qu'on vendrait dans le monde entier, qui franchiraient les barrières linguistiques, sociales et nationales.

Je crois que la même ambition vaut pour Coca-Cola, pour McDonald's, pour Starbucks. C'est une variante du rêve américain. Fabriquer le produit américain que tout le monde veut. Ce n'est pas seulement une affaire de gros sous, même si par ailleurs McDonald's, bien sûr, est là pour vendre et pour gagner de l'argent. De même que Starbucks, Coca-Cola et Ford. Mais c'est aussi une question d'être aimé et admiré par le monde entier rien que pour ce qu'on est.

Il y a certes une peu d'imbécillité heureuse dans pareille envie. Croire que si les gens essaient Coca-Cola ils vont nous aimer ! Qu'ils aimeront les Etats-Unis ! S'ils essaient un Big Mac, ils aimeront l'Amérique ! Qu'ils essaient Disneyland, ils adoreront Americaland. Que les Irakiens essaient la démocratie, ils adoreront l'Amérique. Bon, certes, nous empochons quelques sous au passage, mais ce n'est pas l'important, disons-nous. Non plus que les sodas, la restauration rapide et le divertissement. L'important, c'est d'être aimé.

Nous avons un peu parlé de la manière dont les Etats-Unis ont ravi à l'Europe la première place mondiale en matière d'économie et de culture. Il est un point, cependant, que nous n'avons pas évoqué dans cette discussion, et ce sont les répercussions de la guerre froide sur l'Europe. Quand on divise le monde en deux, l'Europe fait partie d'une des deux moitiés. L'Europe de l'Est appartenait à la moitié plongée dans les ténèbres tandis que l'Europe de l'Ouest était dans la moitié baignée par le soleil. Quant au leadership militaire et économique, il revenait aux Etats-Unis. C'est ainsi que pendant la guerre froide l'OTAN est devenue la créature des Etats-Unis et des fabricants d'armes américains. Même si la France et l'Angleterre possédaient l'arme nucléaire, les Etats-Unis étaient le grand protecteur et le premier fabricant d'armes conventionnelles et nucléaires. Il me semble que ces facteurs politiques et militaires ont beaucoup joué dans le transfert de la domination militaire et culturelle de l'Europe vers les Etats-Unis, en particulier dans les années 1950 et 1960 au plus fort de la guerre froide. Je n'ai pas l'impression qu'à ce moment-là les considérations de marché aient eu une grande importance. Plus tard, dans les années 1980, puis encore davantage dans les années 1990 et maintenant, avec la mondialisation de l'économie, tout est devenu une affaire de marché.

Les avancées technologiques des années 1980 ont transformé les méthodes et les formes de sous-traitance, tant dans l'industrie manufacturière que dans les services. Ces avancées ont radicalement modifié les techniques de commercialisation et les réglementations, et nous n'avons pas encore pris la mesure de ces changements. Il se peut que des réalisateurs de films, en Europe ou aux Etats-Unis, soient en train de le faire. Il y a peut-être des romanciers ou d'autres écrivains qui commencent à démêler ce qu'impliquent ces immenses transformations économiques et technologiques. Mais la plupart d'entre eux ne sont pas conscients de l'échelle de changement, même s'il a des répercussions profondes qui vont durer de nombreuses années, voire des générations.

X
DU TOUT-MÉDIA AU TOUT-COMMERCE
A L'ÈRE DE LA MONDIALISATION
(ANNÉES 1970)

Que penser du rôle de la télévision et de la place de plus en plus grande qu'elle occupe dans la vie sociale et culturelle ?

Vous demandez ce qui va résulter du rôle de plus en plus grand joué par la télévision dans notre vie culturelle. Il m'est difficile d'en dire grand-chose, sinon sur un mode anecdotique. En tout cas, il faut voir qu'un enfant américain sur trois, entre huit et dix-huit ans, a une télé dans sa chambre. Les adolescents américains regardent la télé trois heures par jour selon des statistiques récentes parues dans le *New York Times*. Si, lorsque vous êtes enfant, vous avez une télé dans votre chambre et la regardez trois heures par jour, cela affecte forcément la façon dont vous vous percevez et dont vous percevez la réalité et le monde en général. Dans ces statistiques, il y a un fait qui n'est pas mentionné : un tiers du temps passé devant la télé est en réalité consacré à regarder des publicités pour des produits de consommation. L'esprit de ces enfants est donc formaté pour créer chez eux le besoin de ces produits. Leur cerveau subit une altération.

Nous savons que le cerveau s'adapte aux stimuli sensoriels et se modifie chimiquement pour se conformer à ces stimuli. Nous savons donc de quoi il retourne – dans le monde entier, plus particulièrement aux Etats-Unis et, de plus en plus, dans le monde occidental. Il est utile de se rappeler que c'est au cours des années 1950 que la télévision est entrée dans la vie quotidienne des Américains. Et ce qui s'est alors produit, c'est que nous avons permis au représentant de commerce de pénétrer dans l'enceinte sacrée de nos foyers. Comme la programmation de la télévision n'existe que pour vendre des produits, la télévision n'est rien d'autre qu'un représentant de commerce. La publicité n'est pas là pour permettre à des émissions d'exister ; c'est exactement l'inverse. Les émissions existent pour qu'on puisse faire passer des publicités. Dans les années 1950, nous avons donc laissé le représentant de commerce entrer dans nos maisons. Au début, nous l'avons eu dans le séjour. Puis ce représentant est devenu le baby-sitter de nos enfants. A présent, il est dans la chambre trois heures par jour avec ces mêmes enfants. Au fond, nous avons donc abandonné nos enfants aux pourvoyeurs d'objets de consommation – baskets, vêtements, jouets, jeux vidéo et, dans la foulée, bière, alcool et voitures.

Nous avons fait quelque chose qui n'avait encore jamais été fait. En tant qu'espèce, il nous incombait de protéger nos enfants parce qu'il faut longtemps – plus que dans toute autre espèce – à un petit d'homme pour devenir adulte, pour apprendre à se socialiser de manière humaine. Jadis, lorsque l'espèce était en évolution, nous avons d'abord protégé les petits des intempéries, des tigres à dents de sabre, des forces amorales de l'univers ; nous les protégions jusqu'à ce qu'ils soient en mesure de prendre soin d'eux-mêmes. A notre époque, les forces amorales de l'univers sont avant tout économiques. Nous connaissons tous ces plaisanteries sur le représentant qu'on empêche d'entrer dans la maison – on referme la porte en lui coinçant le pied. En réalité, ces plaisanteries parlent de protéger les plus jeunes et les plus vulnérables, ceux qui ne sont pas capables de faire la distinction entre publicité et réalité. Mais aujourd'hui nous avons introduit le tigre à dents de sabre dans la caverne et nous lui avons dit : Installe-toi bien confortablement près du feu. Et maintenant, nous laissons le représentant garder les enfants pendant que nous sortons.

C'est une situation très dangereuse. Nous avons colonisé nos propres enfants. Comme il ne nous reste plus de peuples à coloniser sur la planète, comme il ne reste plus de gens incapables de faire la distinction entre de la verroterie ou des babioles et des objets de valeur, comme nous n'avons plus personne à qui acheter l'île de Manhattan en la troquant contre quelques perles de verre et des haches, nous en sommes venus à coloniser nos propres enfants. C'est un processus d'autocolonisation. La vieille truie dévore sa portée.

Nous avons démoli la ville sur les hauteurs que cherchait la Nouvelle-Angleterre et nous l'avons remplacée par l'Eldorado, la cité en or de nos fantasmes. Nous sommes devenus des conquistadors de banlieue. Sans même nous en rendre compte, d'ailleurs. Il est très possible que nous soyons arrivés à la fin de la république. Nous voyons quelque chose d'autre la remplacer à présent, quelque chose qui n'est pas tout à fait nouveau sur cette planète : une ploutocratie fasciste. Nous nous approchons à grands pas de cet état de choses, et à un rythme qui s'est encore accéléré au cours de la dernière décennie. Tout cela remonte aux années 1980 au moins, mais les graines ont été semées encore plus tôt.

Vous avez déclaré dans un entretien "nous sommes devenus une nation de rêveurs homicides". Vous avez aussi parlé d'une "religion laïque nationaliste". Pouvez-vous développer ces deux idées ?

Parlons d'abord de la citation que vous me présentez. J'ai déclaré : "Nous sommes devenus une nation de rêveurs homicides*." Des rêveurs meurtriers. Ce que je cherchais alors à faire surgir indirectement, c'est la vieille contradiction centrale – entre nos buts matériels et les justifications spirituelles de notre comportement – qui se niche au cœur du rêve américain et de l'histoire de notre pays. C'est cette contradiction qui, de manière répétée, fait de nous des meurtriers. C'est la raison pour laquelle William Carlos Williams a affirmé que l'Américain authentique est un tueur. L'Américain authentique est quelqu'un de cynique, de matérialiste et d'avide (il cherche de l'or) et qui, pourtant, se sent investi d'une mission idéaliste, voire religieuse. Quand on se raconte un mensonge aussi gros et qu'on l'appelle rêve, on finit par commettre des actes violents.

* Dans "Gloutonnerie apocalyptique", *Le Monde des livres*, 15 octobre 2004, p. VI.

C'est dans la psychologie humaine. Et si ce mensonge envahit la mythologie que défend notre peuple, alors nous sommes obligés d'agir violemment en tant que peuple. C'est exactement ce que nous faisons historiquement depuis le XVIᵉ siècle, depuis que les premiers Européens sont arrivés sur la côte de Floride, de Virginie, de Nouvelle-Angleterre. Nous étions alors dans cette même position, à tuer des gens en prétendant le faire pour le bien, un bien supérieur. Pour leur propre bien.

Vous attirez également mon attention sur une citation où j'évoquerais une "religion laïque, nationaliste". Je ne suis pas sûr d'avoir dit exactement cela, mais il est vrai que j'ai considéré le nationalisme comme une sorte de religion laïque, une religion de substitution où l'Etat et notre propre identité en tant que membre ou citoyen de cet Etat prennent l'intensité d'une passion religieuse. On trouve, derrière cette proposition, l'idée selon laquelle notre identité d'Américain serait en quelque sorte une définition ultime de nous-mêmes. Il ne s'agit pas seulement de citoyenneté mais d'identité essentielle. Le nationalisme peut provoquer en vous ce genre de chose. Et, lors de périodes de grande ferveur nationale, il revêt aux Etats-Unis un aspect religieux. Je ne crois pas que le phénomène soit propre aux Etats-Unis, même si nous avons dû l'affronter périodiquement. L'un des aspects les plus importants et les plus sains des institutions et des aspirations de ce pays, c'est la séparation de la religion et de l'Etat, la distinction très nette entre, d'un côté, le système politique et juridique, et, de l'autre, les idées et les institutions religieuses. Elle a pour effet, entre autres, de permettre une grande tolérance à l'égard des groupes religieux ; mais elle démystifie aussi l'identité nationale, elle la laïcise. Selon moi, c'est une excellente idée. C'est quelque chose de très souhaitable.

Comment expliquer qu'une forme religieuse dissidente venue d'Europe, marquée par un matérialisme profond, ait gardé en Amérique une vitalité si forte, beaucoup plus qu'en Europe ? Quelles sont les principales différences entre Américains et Européens ?

Dans la période que nous traversons en ce moment, nous assistons à une grande recrudescence d'ambition et de ferveur nationales. Il y a pléthore de drapeaux américains : sur les pare-chocs, au flanc des maisons, sur des vitrines, sur des ponts d'autoroute. On voit des drapeaux américains partout. Nous voici cinq ans après le 11 Septembre, et cette ferveur patriotique issue du nationalisme domine toujours notre pensée, le sentiment que nous avons de nous-mêmes, notre identité personnelle et collective. Je trouve ça effrayant. Je n'y vois rien de positif. Eriger votre appartenance nationale, votre citoyenneté, votre passeport, en partie essentielle de vous-même est aussi destructeur que n'importe quelle hallucination. Et quand ça devient une hallucination de masse, il y a vraiment danger.

Le drapeau est devenu sacré : aussi sacré que l'est pour les musulmans la représentation de Mahomet. Nous avons des lois qui nous interdisent de brûler le drapeau ou de le dégrader. Ces lois sont évidemment des solutions à la recherche d'un problème. Néanmoins, chaque année on tente d'amender la

Constitution pour que le fait de brûler ou de dégrader le drapeau devienne un crime. Comme si le drapeau était l'un des doigts de saint François ou un vestige de la vraie Croix. C'est risible et, chose plus grave, c'est très dangereux. Une réaction tribale qui transforme le drapeau en fétiche et qui effraie les gens. Périodiquement, dès que le nationalisme relève sa tête hideuse, nous tombons à genoux et adorons la nation. Bien entendu, les politiciens font monter cette ferveur dès qu'ils veulent partir en guerre et qu'ils ont besoin de notre consentement à des sacrifices financiers ou autres – sacrifions donc nos enfants ! – que nous n'accepterions jamais autrement. Si nous étions incapables d'opérer dans le sang cette identification profonde à un fantasme national, nous refuserions de sacrifier nos enfants.

Je crois que le nationalisme n'est plus aussi nécessaire pour les Européens qui vivent côte à côte. Des siècles de duels nationalistes, le traumatisme des deux guerres mondiales et de la guerre civile espagnole ont suffi à ouvrir les yeux de presque tous les Européens (hormis ceux des Balkans) sur les prétendues vertus du nationalisme. Les Etats-Unis, en revanche, à cause de leur isolement relatif, ont pu continuer à entretenir leurs pulsions nationalistes. Nous n'avons pas eu à nous battre en duel avec des voisins dotés d'identités nationales puissantes. Le Mexique et le Canada ne constituent pas des menaces pour notre pays ou pour son identité nationale. Les Canadiens s'excuseraient presque d'avoir une identité. Depuis longtemps, les Etats-Unis considèrent le Mexique comme le voisin pauvre du Sud. Il n'y a donc pas eu de concurrence à ce niveau. En outre, l'expérience américaine des deux guerres mondiales s'est déroulée sur les champs de bataille européens. Nous sommes sortis de ces deux conflits, en particulier de la Seconde Guerre mondiale et de la guerre froide, avec un grand sentiment de notre importance et un orgueil national renforcé.

Il se peut aussi que nous dépendions davantage du nationalisme parce que nous sommes un pays qui a été inventé à partir d'un grand nombre de pièces. Notre sentiment identitaire ne nous est à aucun moment venu d'un passé historique ancien, et notre identité nationale paraît ainsi plus artificielle. Or on défend beaucoup plus agressivement une identité artificielle qu'une identité authentique. A cet égard, les Israéliens ressemblent aux Américains : ils sont extrêmement nationalistes et religieux, et il se peut que ce soit parce que leur identité, comme la nôtre, est artificielle. Elles sont faites de pièces rapportées, de gens venus du monde entier, avec des langues différentes, des origines raciales variées, des histoires personnelles et collectives diverses, mais chaque nouvel arrivant est, on ne sait comment, transformé en un être nouveau grâce à sa présence sur cette terre. C'est très artificiel. Peu d'Américains peuvent se vanter de descendre d'une famille implantée au sein de ces cinquante Etats depuis plus de deux ou trois générations. Il en existe certes un petit nombre, mais la plupart ne peuvent pas remonter au-delà de trois ou quatre générations, disons plus haut que la fin du XVIIIe siècle. Après avoir cherché, ils finissent par admettre que oui, ils sont venus de Pologne, de Corée, d'Inde, du Mexique, d'Afrique, d'Italie, d'Allemagne, etc. Je ne remonte moi-même qu'à une génération. Mon père était canadien, et trois de mes grands-parents l'étaient également. Je suis donc un Américain de deuxième génération. On s'accroche d'autant plus à son identité nationale qu'on n'a pas d'autre raison de lui conférer une existence.

Pour les Français, les Allemands et les Européens en général, c'est une question intéressante et problématique parce que le lien de la langue et celui des présupposés culturels et religieux partagés ne suffisent plus à établir l'identité nationale. Je crois que le nombre croissant d'immigrants – avec leurs différences raciales, culturelles, religieuses, linguistiques et autres – en France, en Allemagne et en Angleterre fait surgir ces questions d'identité nationale de manière inattendue et menaçante. Il les soulève d'une autre façon qu'aux Etats-Unis parce que notre identité a dès le départ consisté en un processus de fusion dans tous ces domaines, ceux de la race, de la religion, de la langue, de l'ethnicité, du pays d'origine. D'emblée, nous avons fusionné. Sur nos pièces de monnaie figure la devise : *E pluribus unum*. Une unité à partir d'une multiplicité, au lieu d'une identité antérieure à l'arrivée des immigrants.

Mais je ne sais pas bien si c'est un modèle que les Européens peuvent imiter. Je ne crois pas qu'on puisse prendre cette formule et dire aux Européens : Voilà ce que vous devriez faire avec vos immigrés qui sont de plus en plus nombreux – 7 %, 8 %, 10 % de la population – et que vous ne semblez pas capables d'assimiler. Je ne pense pas que vous puissiez apprendre quoi que ce soit des Etats-Unis parce que nos nations ont des histoires radicalement différentes. Nous avons débuté en tant qu'invention. Nous avons débuté en tant que fusion, nous sommes des gens qui ont fusionné. Nous sommes essentiellement une nation créole, un mélange dès notre conception. Je ne crois pas que ce soit le cas d'un seul pays européen. En fait, je ne crois pas que ce soit le cas d'un seul autre pays au monde à part le Canada – mais le Canada n'éprouve pas un sentiment aussi exacerbé de son identité nationale. Le Canada est une fédération et, à bien des égards, il se considère toujours comme une ancienne colonie. Regardez leurs pièces de monnaie : il y a l'effigie du monarque britannique.

L'Amérique est-elle consciente de ne plus être isolée du reste du monde ? L'Amérique est-elle désormais condamnée à l'interventionnisme ?

Nous arrivons maintenant à la toute dernière question. Elle me demande de prédire l'avenir, ce que je ne fais pas volontiers.

Il me semble que la plupart des Américains croient que, s'ils le veulent, ils peuvent se retirer du monde et retourner dans leur "ville sur les hauteurs". Ils pensent qu'intervenir, s'impliquer militairement, économiquement ou autrement dans le reste du monde résulte d'un choix plus que d'une nécessité. Si nous sommes menacés, si le conflit évolue suffisamment mal en Irak ou en Afghanistan, par exemple, nous pouvons retirer nos troupes, mettre un terme à notre engagement militaire, et nous nous débrouillerons fort bien tout seuls. Personnellement, je crois que c'est faux, mais il me semble que la plupart des Américains le pensent. Par conséquent, lors de la prochaine campagne présidentielle, en 2008, notre degré d'implication militaire et économique en Irak constituera une question importante sur laquelle les gens s'exprimeront en votant. Il me semble que la plupart des Américains et des politiciens soutiendront que nous n'avons pas besoin de rester là-bas. Nous n'avons aucun besoin d'être en Irak ; aucun besoin d'être en Afghanistan ; aucun besoin de nous engager dans ces prétendus accords de libre-échange que nous essayons d'imposer à l'Europe, à l'Afrique et à l'Amérique latine ; nous pouvons parfaitement nous débrouiller seuls. Je vois venir une nouvelle période d'isolationnisme qui résultera de la guerre en Irak.

On peut d'ailleurs s'en rendre compte à des détails, même aujourd'hui, en lisant la presse. Une clameur s'élève soudain contre George Bush et la décision prise par son gouvernement de sous-traiter la sécurité de nos ports à une société des Emirats arabes unis. Brusquement nous nous écrions : Comment se fait-il que nous abandonnions la garde de nos ports à des sociétés des EAU ? Ce sont des Américains qui devraient les garder ! Et les deux côtés du Congrès, démocrates et républicains, de se mettre à vitupérer ce qui est, au fond, l'économie de marché à l'échelle mondiale. Si nous pouvons délocaliser nos industries de service en Inde, nous devons accepter que des sociétés d'autres pays viennent également travailler ici. Mais voilà qu'une clameur s'élève contre ces mesures. Je crois que nous allons assister, au cours des cinq ou dix prochaines années, à un retour de l'isolationnisme, et cela pour de bonnes comme pour de mauvaises raisons. La prise de conscience que nous ne pouvons pas poursuivre la guerre en Irak, que nous ne sommes pas en mesure de maîtriser les événements comme nous l'avions cru, que le monde est plus compliqué que ce qu'on ne nous en avait dit, voilà qui est un avertissement salutaire. Mais en même temps j'ai l'impression que nous affirmons que nous n'avons pas besoin du reste du monde pour survivre – sur le plan économique, diplomatique, militaire –, que nous pouvons fort bien nous débrouiller tout seuls, merci. Et ce n'est pas une bonne chose.

Car, entre autres, c'est ignorer la présence de la Chine – présence économique, militaire, diplomatique et culturelle. C'est tout simplement ignorer la réalité de la technologie et de son impact sur l'économie. Je pense donc que le balancier va repartir en arrière et que nous allons en pâtir culturellement et économiquement. Mais, au moins, nous ne tuerons pas autant de gens.

Il vous faut considérer les Etats-Unis comme une création issue d'impulsions contradictoires sur le plan spirituel, éthique et matériel. Mais en même temps nous avons réussi à produire l'une des organisations politiques les plus extraordinaires de la planète, et ce, grâce à la Constitution américaine et à la Déclaration d'indépendance. Au moyen de ces documents, nous arrivons à gérer ces deux impulsions conflictuelles, et à le faire plus nettement que par toute autre institution ou structure politique ou sociale. Ces documents ont en effet la faculté de jeter un pont incroyable entre deux attitudes : l'une spirituelle et l'autre terrestre, si vous voulez. C'est en ce sens qu'ils sont sacrés. Ils unissent les deux. Ils réalisent un équilibre très délicat entre nos forces et nos faiblesses. Car il y a, entre elles, une tension dynamique qui, parfois, prend la forme d'un conflit autodestructeur comme on le voit depuis le 11 Septembre, mais qui, à d'autres occasions, s'exprime sous forme d'impulsion créatrice et devient une force. Selon moi, tout, dans l'entreprise américaine, se ramène à ce dualisme ; car il s'agit bien de cela, d'un dualisme identitaire. Depuis leur origine, les Etats-Unis constituent une entreprise dualiste. On voit cette dualité se déployer sur tous les fronts et dans toutes les opérations où notre pays est impliqué, que ces fronts soient économiques, militaires, diplomatiques ou culturels. Selon moi, c'est la clé qui permet de comprendre le caractère américain. Il faut le concevoir dans sa dualité. Matérialiste ? Certes. Religieux, spirituel, idéaliste ? Certes. Les deux. Pas l'un ou l'autre. Et l'un ne prend pas le pas sur l'autre, sauf à certains moments. C'est une histoire qui présente un caractère dialectique et qui n'est pas achevée. Le genre de démocratie qu'elle a produit dure depuis presque deux cents ans. C'est la plus ancienne démocratie sur terre, et la raison pour laquelle elle dure depuis si longtemps tient en fait à ce processus dialectique qui concrétise un conflit extrêmement destructeur – car il l'est vraiment – en même temps que créateur.

Ces deux impulsions sont nées en Europe. L'impulsion idéaliste ou religieuse vient d'Europe : elle animait la quête de liberté religieuse qui a conduit les colons jusqu'en Nouvelle-Angleterre. Le désir de richesse, l'impulsion matérialiste, vient également d'Europe. Les deux sont issues des patries d'origine. Leur rencontre et leur amalgame dans le Nouveau Monde ont créé une chimie nouvelle.

Mais les deux éléments venaient d'Europe et, mélangés, ils ont donné naissance à quelque chose de très différent. Il y a pourtant quelque chose que j'omets ici et qu'il convient de prendre en compte : la présence des Africains et la présence des Indiens d'Amérique antérieure à l'arrivée des Européens. Ce sont eux qui ont fait de nous ce que j'appelle un peuple créole. Il n'y a pas là seulement un facteur racial, bien qu'il joue, naturellement, dans une société obsédée par la race depuis si longtemps, mais aussi des éléments culturels et économiques. La présence des Africains dans ce Nouveau Monde, d'abord en tant qu'esclaves pendant plusieurs siècles puis en tant que citoyens de deuxième classe pendant un siècle de plus, la présence des Indiens d'Amérique qui ont accueilli les Européens et leur ont enseigné les manières de s'adapter à ce Nouveau Monde pour y vivre et dont on trouve encore les toponymes dans tout le pays, ces deux présences, donc, sont essentielles à notre identité toujours en évolution. Sans ces deux peuples, nous ressemblerions bien davantage à une nation européenne.

Nous sommes aujourd'hui assis ici, à Saratoga, dans l'Etat de New York. *York*, bien sûr, est un nom anglais. Mais *Saratoga* est un mot indien, iroquois. La moitié des noms de lieux, dans l'Etat de New York, sont indiens. Notre culture est authentiquement créole et, par cela même, malgré quelques origines européennes, elle est très différente de n'importe quelle culture européenne et le restera.

TABLE

OUVRAGE RÉALISÉ
PAR L'ATELIER GRAPHIQUE ACTES SUD
ACHEVÉ D'IMPRIMER
EN SEPTEMBRE 2006
PAR L'IMPRIMERIE FLOCH
A MAYENNE
POUR LE COMPTE DES ÉDITIONS
ACTES SUD
LE MÉJAN
PLACE NINA-BERBEROVA
13200 ARLES

DÉPÔT LÉGAL
1re ÉDITION : OCTOBRE 2006
N° impr. : 66452
(Imprimé en France)